복음을 들고
너에게 갈게

복음을 들고 너에게 갈게

© 생명의말씀사 2024

2024년 6월 24일 1판 1쇄 발행
2025년 3월 4일 3쇄 발행

펴낸이 | 김창영
펴낸곳 | 생명의말씀사

등록 | 1962. 1. 10. No.300-1962-1
주소 | 서울시 종로구 경희궁1길 6 (03176)
전화 | 02)738-6555(본사) · 02)3159-7979(영업)
팩스 | 02)739-3824(본사) · 080-022-8585(영업)

지은이 | 배준영

기획 편집 | 서정희, 이주나
디자인 | 최종혜
인쇄 | 영진문원
제본 | 보경문화사

ISBN 978-89-04-16884-2 (03230)

저작권자의 허락 없이 이 책의 일부 또는 전체를
무단 복제, 전재, 발췌하면 저작권법에 의해 처벌을 받습니다.

배준영 쓰고 그림

처음 만나는 복음
다시 누리는 복음

복음을 들고 너에게 갈게

생명의말씀사

contents

추천사
프롤로그   복음을 들고 너에게 갈게! 14
오히려 좋아! 복음을 이미 알고 있는 이들에게 18
복음? 복음이 아직 낯선 이들에게 21

1부 하나님 The Origin

1. 처음 뵙겠습니다 · 26
2. 하나님의 흔적 · 29
3. 오해와 이해의 갈림길 · 37
   오해로 | 이해로 | 올바로
4. 하나님은 [ ]시다 · 49
   하나님은 영이시다
   하나님은 전능하시다
   하나님은 전지하시다
   하나님은 사랑이시다

질문이 배송되었습니다

2부 죄 The Problem

1. 행복할 수 있을까? · 68
2. 행복할 수 있었어! · 71
   조건 없는 사랑
   인생의 목적을 아는 것

3. 범죄 현장 · 76
외면 | 범죄의 재구성 | 내면

4. 사형 선고 · 93
육신의 죽음 | 영의 죽음 | 영원한 죽음

질문이 배송되었습니다

3부 예수님 The Solution

1. 단 하나의 해결책 · 106

2. 상상도 못 한 정체 · 109
그리스도 | 하나님의 아들 | 사람의 아들
하나님 = 예수 그리스도 = 사람

3. 상상도 못 한 방법 · 127
육신의 죽음 | 영의 죽음 | 죽음의 죽음

4. 당신에게 온 해결책 · 141

질문이 배송되었습니다

4부 구원 The Problem Solving

1. 우리에겐 구원이 필요해 · 148
2. 나, 돌아갈래 · 151
   죄인임을 깨달은 사람
   회개한 사람
3. 입구 컷 · 162
4. 입구에서 예수를 제시하세요 · 165
5. 똑, 똑, 똑 · 174

질문이 배송되었습니다

5부 신자의 삶 The New Identity

1. 해피 엔딩? 해피 비기닝! · 184
2. 스타터 키트 ① 내가 정말 구원받은 게 맞나요? · 187
   모래 지반
   반석 지반

3. 스타터 키트 ② 내 삶에 일어난 변화는 무엇인가요?　•200
　　Before 죄인 After 의인
　　Before 고아 After 자녀
　　Before 세상 시민 After 하나님 나라 시민
4. 스타터 키트 ③ 앞으로 어떻게 살아야 할까요?　•218
　　방향 | 연료 | 선장 | 선원들
5. 해피 엔딩을 향하여 '킵 고잉'!　•238
　　질문이 배송되었습니다

에필로그　흘러넘친 기쁨의 소식　242

추천사

존 스토트의 『기독교의 기본 진리』가 한 시대를 이끌었다면, 배준영 목사의 『복음을 들고 너에게 갈게』는 앞으로의 시대에 '기독교의 기본 진리'가 될 만한 책이다!
한국교회는 젊은 세대가 점점 줄어드는 어려운 현실 앞에 있다. 복음은 변함이 없지만 그 복음을 듣는 시대와 문화마다 다른 색깔의 옷으로 갈아입어야 한다. 이 책은 복음을 이해하지 못하는 사람들의 신념 체계를 무너뜨릴 정도로 정교하게 구성되어 있다. 복음에 대한 말은 많지만 정작 "복음이 무엇입니까?"라는 질문에는 명확하게 대답하지 못하는 사람들이 많다. 복음은 단순한 명제가 아닌 이야기로 이 땅에 등장했다. 창조와 타락과 구속과 회복이라는 거대한 성경의 이야기 속에서 복음을 발견할 때 비로소 오늘 내 삶의 이유를 발견할 수 있다. 책의 마지막이 신자의 삶으로 끝나는 것도 복음이 단순한 지식적 정보가 아니라 오늘 내 삶을 살게 하는 원동력임을 깨닫게 한다. 복음은 신앙의 시작이 아니라 시작과 마지막이다. 이 책은 모든 크리스천의 손에 들려야 할 책이며, 그리스도를 알지 못하는 사람들에게 소개해 주어야 할 책이다. 복음은 모든 것을 변화시킨다.

고상섭 그사랑교회 담임목사

교회 안에 선명하게 회심하지 못한 자가 적지 않다. 진리이신 예수 그리스도를 이해하고 믿기보다, 종교 생활에 익숙해졌기 때문이다. 이들에게 효과적으로 복음을 이해할 수 있게 돕는 자료가 절실했다.

『복음을 들고 너에게 갈게』는 시급하고 중요한 이 일에 요긴하게 사용될 것이다.

김형국 하나복네트워크 대표

배준영 목사의 『복음을 들고 너에게 갈게』는 익숙한 이 시대 언어를 가지고 매우 흥미롭게 복음을 말해 주고 있다. 이와 동시에 복음의 핵심을 아주 깊이 있고 정확하게 설명해 준다. 복음을 정확하게 제대로 이해하는 일이란 쉬운 일이 아니고, 그 복음을 그 시대의 언어로 전달하는 일은 더더욱 어려운 일이다.

저자는 이 두 가지 과제를 훌륭하게 풀어내어, 젊은 세대는 물론 기성 세대도 매우 흥미롭게 읽어나갈 수 있게 하였다. 세속 문화의 거센 도전 가운데 서 있는 젊은 세대를 향한 애정을 가지고, 상상력과 기발한 아이디어, 통통 튀는 매력과 재치로 복음을 친절하게 알려 주는 이 책을 기쁨으로 추천한다.

이인호 더사랑의교회 담임목사

언제고간에 성경이 말하는 전통적이고도 고전적인 복음 교리는 시대를 초월하여 적실했다. 죄인이 아닌 인간이 하나도 없듯, 복음이 필요하지 않은 인간도 없기 때문이다. 단, 그 시대의 사람들이 쓰는 언어와 문화적 배경을 상황화하여 적용하고 이해할 수 있게 할 경우에만 그렇다. 그러한 의미에서 저자는 오래고 오랜 복음 교리를 이 시대의 사람들 특히 청년들이 이해할 수 있는 쉬운 언어와 적확한 예화, 풍성한 적용을 담아 이 책을 냈다.

책을 읽으며 여러 번 감탄했는데, 이는 오랜 기간 복음을 현장에서 구르며 전하지 않고서는 절대 나올 수 없는 통찰들이 가득했기 때문이다. 각 교회의 새가족들을 교육하거나, 오래된 명목상의 신자들을 새롭게 하는 데 이 책이 쓰임받을 거라고 확신한다!

이정규 시광교회 담임목사

『복음을 들고 너에게 갈게』라는 책의 제목처럼 저자는 복음을 들고 우리에게로 한달음에 달려온다. 아직 복음을 듣지 못한 이들은 물론이고, 교회 안에 머물지만 복음에 대해 명확히 알지 못하는 이들에게 새로운 방식으로 복음을 들려준다. 페이지를 넘기다 보면 좋아하는 것을 하나라도 더 들려주고 싶어 하는 저자의 목소리와 마음이 느껴진다.

그간 복음과 관련한 도서가 많이 출간되었지만 『복음을 들고 너에게 갈게』가 여느 책과 차별되는 지점 또한 분명하다. 복음 재검 문진표, 스타터 키트, 입구컷, 실내용 자전거, 교실 안 급훈, 내비게이션, 해피 비기닝과 같은 일상의 언어들을 사용하여 청년과 청소년도 이해하기 쉽게 설명한다. 이제 막 교회에 들어선 새가족은 물론, 복음을 견고히 다지기를 원하는 모든 그리스도인을 위한 양육 교재로 기쁘게 권한다.

이찬수 분당우리교회 담임목사

마치 복음에 대해 개인 과외를 받은 느낌을 들게 하는 책이다. 페이지 사이 사이에는 현장에서 만난 영혼들의 질문이 들어 있고, 책상이 아니라 티 테이블에 마주 앉아 한껏 이야기를 주고받은 것 같다. 마치 친한 친구가 옆에서 이야기하듯 뜨거운 열정으로, 때로는 차가운 논리로 복음을 전하는 이 책은 '하나님, 죄, 예수님, 구원, 신자의 삶' 이렇게 다섯 개의 주제를 통해, 복음의 A to Z를 풀어 준다. 단순히 지식 전달을 넘어 수년간 젊은 세대에게 복음을 전하는 삶을 살았던 저자의 고민과 진심이 담긴 이 책은 마치 한 편의 드라마처럼 복음 앞에 우리를 불러다 세운다. 저자가 직접 그린 삽화는 글의 이해를 돕고, 청년들의 언어로 풀어낸 독특한 문체는 친근함을 더한다. '오해로, 이해로, 올바로'와 같은 표현은 복음의 핵심을 명확하게 기억하도록 돕는 저자의 센스가 돋보인다.

이 책은 복음을 처음 접하는 이들에게는 친절한 안내서가, 이미 신앙을 가진 이들에게는 믿음의 토대를 굳건히 다지는 책이 될 것이다. 논리적인 설명과 함께 가슴 깊은 곳까지 파고드는 저자의 열정은 독자들을 '나를 위한 복음 이야기'로 이끌 것이다. 특별히 복음을 전하고 싶지만 어떻게 시작해야 할지 고민하는 분들에게, 청년들의 마음에 복음을 심겨 주고 싶은 사역자들에게, 그리고 다시 복음으로 인한 설렘을 경험하기를 원하는 이들에게 즐거운 마음으로 추천한다.

조영민 나눔교회 담임목사

Prologue 1 복음을 들고 너에게 갈게!

『복음을 들고 너에게 갈게』에는 대략 백만 개 정도의 느낌표가 생략되어 있답니다. 그래서 이 제목을 읽을 때는, 벅찬 감격에 떨리고 격양된 목소리가 담겨 있어야 제대로 읽었다고 할 수 있어요. 불치병에 걸린 연인을 마침내 낫게 할 희귀한 치료제를 구해서 돌아가는 이의 목소리처럼 말이지요. 바라기는 이 책을 읽는 내내 바로 그 목소리가 들리기를 바랍니다.

'만남'은 인생의 어떤 경험보다 큰 영향을 끼칩니다. 사람과의 만남뿐 아니라 우연히 만난 책 속 문장으로 위로를 받고 배움을 얻기도 하고 새로운 동기가 솟아나기도 합니다. 어떤 만남은 인생의 변곡점이 되어 완전히 새로운 삶을 살아가게도 하지요. 이러한 만남을 가리켜 '결정적 만남'(crucial encounter)이라고 부르는데요. 당신에게도 이런 만남이 있는지 궁금합니다.

저에게는 인생을 송두리째 바꾸어 놓은 결정적인 만남이 있었어요. 바로 '복음'과의 만남입니다. 복음을 만난 이후 저는 완전히 다른 삶을 살기 시작했어요. 복음은 채워지지 않아 공허했던 마음을 만족감으로 가득 채웠고, 날마다 샘솟는 기쁨을 주었어요. 저의 앞날은 더 이상 두려움이 아니라 소망으로 다가왔답니다. 복음은 내가 누구인지 알려 주어 진짜 삶을 살게 해주었어요. 복음은 정말 대단합니다. 정말 정말 대단해요!

복음 때문이에요! 이 복음이 너무 좋아서 저는 목사가 되었고, 복음을 혼자만 누릴 수 없어서 사람들을 만났어요. 복음을 듣지 못한 이들에게 복음을 전했고, 교회 안에 있지만 여전히 복음을 알지 못하고 누리지 못하는 이들에게 가르쳤어요. 그들을 만나 복음을 전하고 나누면서 '어떻게 하면 복음을 있는 그대로 잘 전할 수 있을까?', '어떻게 하면 이 깊은 복음의 원리를 어렵지 않게 찰떡같이 알려 줄 수 있을까?'를 치열하게 고민했지요.

이 책은 지난 십여 년 동안 복음을 전하고 가르치며 고민한 내용을 정리하여 글로 쓴 결과물입니다. 그래서 이 책에는 현장에서 복음을 전하던 저라는 인격의 흔적들이 군데군데 묻어 있어요. 어떻게 해서든지 더 많이 알려 주고 싶어서 안달이 난 선생의 흔적도 있고, 장난기 많은 아저씨의 흔적도 있고, 복음에 반응해 숨길 수 없어 터져 나오는 감정의 흔적들도 덕지덕지 묻어 있답니다. 그래서 이 책이 당신의 손에 들려져 읽힐 때는 그 설렘의 목소리가 들리면 좋겠어요.

저는 "만나야 할 사람은 반드시 만나게 된다"는 낭만적인 이 문장을 좋아하고 자주 사용합니다. 만남은 우연(偶然)이 아니라 인연(因緣)이에요. 모든 현상의 원인을 거슬러 올라가면 그 안에는 항상 하나님의 인도하심이 있답니다. 당신 손에 이 책이 들려 있다면 그건 우연같아 보이는 섭리로 만나게 하신 하나님의 계획일 겁니다. "복음을 들고 너에게 갈게!"라는 목소리는 제 목소리이기 전에 하나님의 음성일 거예요. 더없이 값진 최고의 선물, 삶을 송두리째 바꿀 복음을 들고 우리에게 오신 것입니다.

  이 책이 제일 먼저는, 복음을 한 번도 들어보지 못한 이들의 손에 들려지면 좋겠어요. 세상에서 결코 찾을 수 없던 행복을 이제는 만나기를! 또한 오랜 시간 교회를 다니고는 있지만 여전히 복음에 대해 잘 모르거나 결정적인 만남으로 이어지지 못한 이들에게도 들려지기를 바랍니다. 기독교가 얼마나 놀라운지 새삼 경험하기를, 당신의 신앙생활이 다시 새로워지기를! 복음을 들고 당신을 향해 나아가시는 하나님의 마음으로 기대하며 기도합니다.

배준영

Prologue 2 오히려 좋아! 복음을 이미 알고 있는 이들에게

Q: 이미 복음을 알고 있는데 굳이 이 책을 또 볼 필요가 있을까?
A: 오히려 좋아!

다시 복음을 들을 필요가 있냐고요? 예스! 복음은 듣고, 또 듣고, 다시 듣고, 계속 들으면 오히려 좋답니다. 복음을 더 깊이 생각하고 그 유익을 누리게 되기 때문이며, 다른 누군가에게 이 기쁜 소식을 능수능란하게 전할 수 있게 되기 때문이죠! 그러니 '복음의 사람'이 되기까지 복음 듣는 일을 반복하기를 권합니다.

이미 교회에 출석하고 매 주일 예배를 드리고 있다고 해도 혹 다음 문진표의 증상이 한 가지라도 나타난다면, 당신은 다시 복음 앞에 설 필요가 있어요. 다음 페이지의 〈복음 재검 문진표〉에 따라 점검해 보세요.

복음 재검 문진표

문항을 꼼꼼히 읽고 자신에게 해당하는 증상에 체크하십시오.

○ 신앙생활을 하고 있지만 그로 인한 기쁨이 없다.
○ 주일예배 시간을 제외하고는 일상에서 하나님을 거의 떠올리지 않는다.
○ 사람들이 말하는 행복을 얻는 방법(돈, 지위, 권력, 유흥, 취미)을 찾고 붙잡으려고 애쓴다.
○ 교회의 설교나 교육이 납득되지 않아 불편한 마음이 드는 때가 종종 있다.
○ 성경을 읽어야 한다는 것은 들어서 알지만 관심이 적고 손이 잘 안 간다.
○ 불평과 정죄함으로 가득한 신앙생활을 하는 내 모습에 스스로 속상하다.
○ 내 기도에 응답하지 않으시는 하나님께 서운하고 화가 날 때가 있다.
○ 교회에서 직분자나 리더 또는 교사로 봉사하지만, 기쁨이 아니라 일로 여겨질 때가 많다.
○ 일터나 학교, 모임에서 아무도 내가 그리스도인인 것을 알지 못한다.
○ '굳이 전도를 해야 하나?' 전도해야 할 동기가 생기지 않는다.
○ "우리 교회 좋아요. 우리 목사님 말씀 좋아요." 복음을 전하기는 어렵고 부담이 되어 그저 교회로 초청하는 전도를 한다.
○ "하나님과 예수님이 어떻게 달라요?", "하나님은 알겠는데 예수님은 왜 필요한가요?" 예수님이 누구신지 잘 모른다.
○ "내가 왜 죄인이야?"라는 친구의 반문에 설명할 답이 없다.
○ "그래서 네가 믿는 게 뭔데?"라는 질문에 믿음이 뭔지는 알 것 같은데 대답이 나오지 않았다.

이러한 증상은 내 안에 복음이 없거나, 복음을 명확하게 알지 못할 때 나타납니다. 이런 경우에는 복음을 빨리 처방해야 합니다. 교회 안에 있다고 해서 다 구원받은 성도는 아니며, 교회 안에 있기에 구원받았다고 착각하는 일도 일어나기 때문입니다. 특히 오랫동안 교회에 출석하면서 복음을 듣지 않거나 받아들이지 않았지만, 교회의 문화를 누리며 자신이 구원받았다고 착각하기도 한답니다. 저는 이런 교인들을 '문화적 그리스도인' 또는 '무늬만 그리스도인'이라고 부릅니다. 교회 안에 있지만 여전히 구원은 없는 상태인 것이지요.

구원은 너무나 중차대한 문제입니다. 전자 제품이 작동하지 않으면 콘센트의 전원 연결을 먼저 확인하는 것처럼 구원에서는 복음을 확인해야 합니다. 이 과정에서 다시 복음을 듣고 구원을 얻거나, 무너진 신앙을 회복하게 될 것입니다. 그러니 이 책을 따라 다시 복음을 듣고, 점검하고, 명확하게 알아 이 기쁨을 누리기를 바랍니다.

Prologue 3 복음? 복음이 아직 낯선 이들에게

반면 복음이 대체 무엇인지 모르거나, 알 것 같기는 하지만 정리가 힘든 분도 있을 거예요. 하지만 이 책을 끝까지 읽다 보면 '아하!' 하게 될 거예요. 들려주고 싶은 이야기가 많답니다.

왜 '복음'을 '복음'이라고 하는지 간단하게 살펴보는 것은 앞으로 나눌 이야기에 있어서 유익할 것 같다는 생각도 드네요. 간단히 설명을 해볼게요. 한자어인 복음(福音)을 뜻 그대로 풀이하면 '복된 소리'입니다. 동어반복 같지만 실제로 '복'이라는 한자의 뜻이 '복'입니다. 복은 그 뉘앙스는 느껴지지만 정확하게 설명하기엔 모호한 단어예요. 이때는 '복음'이라고 번역한 원래 말이 무엇이었는지 확인해 보는 게 더 확실히 와 닿는답니다.

복음은 고대 그리스어인 유앙겔리온을 번역한 것이에요. 유앙겔리온은 '좋은'이라는 뜻의 '에우'와 '소식'이라는 뜻의 '앙겔로스'가 합쳐진 말이랍니다. 그래서 영어로는 '굿 뉴스'라고 번역해요. 그러니 복음은 우리말로 '좋은 소식'으로 이해할 수 있겠지요?

그런데 여기서 잠깐! '유앙겔리온'을 단지 '좋은 소식'이라고 밋밋하게 읽는다면 그 본연의 맛이 살지 않는답니다. 이 단어가 품은 의미를 제대로 표현하지 못하는 거예요. '유앙겔리온'을 최대한 글로 표현하자면 "좋!은! 소오오오시이이익!"에 더 가까워요. 좀 더 와닿기 쉽게 의역하자면 "어머나, 세상에, 엄청난 소식!"이라고 할 수 있어요. 고대 로마에서 '유앙겔리온'은 아무 데나 일상적으로 사용하던 말이 아니었어요. 나라 간 대규모 전투에서 이겨 승전보를 전하는 사람이 성문을 통과하며 외쳤던 말입니다. 그때 그가 그저 "이겼대요"라고 했을까요? 그럴 수 없지요. "좋은 소식이에요! 우리가 이겼어요! 이겼다고요!"라고 하지 않았을까요?

이 '유앙겔리온'은 새로운 황제가 즉위했다는 소식을 알릴 때도 사용되었어요. 황제가 즉위하면 로마 시민에게 특별한 선물을 주고, 감옥에 갇힌 자들은 특별 사면을 내리기도 했어요. 그러니 큰 기쁨의 소식이죠. 그런가 하면, 황제가 마을로 들어설 때 전령이 그 마을에 먼저 당도하여 "유앙겔리온!"이라고 하며 소식을 외쳤다고 해요. "이제 곧 황제가 도착할 테니 그분을 영광스럽게 맞이하라!"라고 말이죠. 그러니 이 유앙겔리온을 번역한 '복음'은 단순히 '복음'이라고 읽으면 안 됩니다. 유앙겔리온의 감격과 기쁨과 기대와 경탄과 감동의 환호로, 눈물이 터져 나오도록 외치는 소리였던 거예요!

저는 이 좋은 소식이 여러분 안에서 놀랍게 고백되기를 바랍니다. 꼭 그렇게 되리라 믿어요! 자, 그러면 이 복음에 대해 살펴보도록 할 게요. 총 다섯 번의 이야기를 나눌 것입니다. 하나님, 죄, 예수님, 구원, 신자의 삶 중 첫 번째 문으로 들어가 봅시다.

처음 뵙겠습니다
하나님의 흔적
오해와 이해의 갈림길
하나님은 [ ]시다

1부

하나님

The Origin

1 처음 뵙겠습니다

 자, 이제 저와 함께 본격적으로 복음에 대해서 살펴볼게요. 이 모든 이야기는 '하나님'에서부터 시작해야 합니다. 어떤 이들은 "하나님이요? 하나님이 있기나 해요? 그런 거 말고 다른 것부터 이야기해 주세요. 행복하게 사는 법, 잘 사는 법, 복 많이 받는 법, 성공하는 법… 뭐 이야기할 거 많잖아요?"라고 할지도 모르겠어요.

 물론 그런 이야기들 알고 있고 해줄 수 있어요. 그런데 결국 그 이야기 역시 다시 '하나님'으로 돌아오게 될 거예요. 그러니 우리는 제대로 된 시작 지점인 하나님에서부터 시작하는 게 가장 바른 길이고 빠른 길이랍니다.

 이 하나님으로부터 시작해야 우리가 반드시 고민해야 할 필수적인 주제를 건너뛰지 않을 수 있어요. 그러니 먼저 하나님에 대해서 살펴보도록 하지요.

첫 과정은 소개팅과 비슷해요. 소개팅으로 상대를 만나면 차를 마시거나 식사를 하면서 짧은 시간을 보냅니다. 이 시간 동안 '내가 이 사람을 더 만나 볼 필요가 있을까?', '이 사람과 교제를 시작해도 될까?'라는 투철한 목적 의식(?)을 갖고 상대를 주의 깊게 탐색하지요. 상대를 좀 더 알아갈 마음이 생긴다면 '애프터'를 신청하거나 정식 교제를 제안합니다. 그러나 소개팅으로 상대를 다 알 수 있는 건 아니지요. 상대방의 극히 일부를 보게 될 뿐이에요. 그러나 이 최소한의 지식으로 앞으로 더 많이, 더 깊이 알아갈 관계가 비로소 시작되고 지속될 수 있어요.

이렇게 소개팅을 거쳐 시작된 관계를 '신앙생활'이라고 부른답니다. 신앙생활은 한편으로 부부 됨과도 같아서 평생에 걸쳐 서로 알아가는 과정이 될 거예요. 그래서 어떤 이들은 신앙생활을 가리켜

'오해에서 이해로 이르는 과정'이라고 부르기도 해요. 그런 고로 너무 서두르지 말고 하나님을 발견하고 알아가는 기쁨을 누리기를 바랍니다. 제가 미리 이야기하자면 하나님은 알면 알수록 더욱 사랑할 수밖에 없는 분이랍니다. 하, 얼마나 로맨틱하신 분인지… 과도하게 기대해도 좋아요. 상상 그 이상, 아니 상상 초월의 하나님을 만나 감격하게 될 테니까요. 여러분의 진짜 기쁨을 위한 첫 만남, 그 문을 열고 들어가 볼까요?

2 하나님의 흔적

한 가지 확인해야 할 전제가 있어요. 그건 바로 "하나님이 정말 계신가?"라는 질문에 대한 당신의 대답이에요. 그렇죠, 하나님에 대해 이야기하려면 그분이 계신가부터 짚고 넘어가야지요. 당신은 어떤가요? 하나님의 존재를 믿나요? 저는 당신이 이 질문에 진지하게 고민하고 답해 보기를 바랍니다. "아, 거, 그냥 있다고 하고 넘어갑시다"라고 대강 지나가면 안 됩니다. 이 시간 '나는 어떻게 믿는가?'를 확인해야 합니다. 자, 다시 질문할 테니 잠시 고민하고 당신의 생각을 알려 주세요. "하나님이 있다 or 없다. 당신의 생각은?"

_____ (고민의 여백)

호오, 그렇게 믿고 있군요? 다른 사람들은 어떻게 믿고 있을지도 궁금하지 않나요? 제가 만난 사람 열 명 중 일곱은 "하나님은 있다" 또는 "있을 것 같다"라고 대답했답니다.

전문기관의 통계 자료도 있어요. 지난 2022년, 갤럽 인터내셔널이 61개국을 대상으로 한 조사[1]에 따르면 전 세계 평균 72%가 "하나님은 있다"라고 응답했고, 10%가 "확실히 알 수는 없다"라고 응답했어요. 반면 16%가 "신은 존재하지 않는다고 믿는다"라고 했답니다. 같은 조사에서 우리나라는 어떻게 답했을까요? "하나님은 있다"가 41%, "확실히 알 수는 없다"는 17%, "신은 존재하지 않는다"가 41%로 답했다는군요.

인류 역사상 "신은 없다"라는 주장이 본격적으로 등장한 지는 오래되지 않았어요. 르네상스 시대가 시작되고, 재앙과 같은 전염병과 세계대전 등을 거치면서 사람들은 "과연 신이 선한가?", "신이 존재한다면 어떻게 이렇게 끔찍한 일이 일어날 수 있지?"라고 고민하기 시작했어요.

한편 모든 문명에서 신을 숭배하거나 추구한 형태가 발견되는 것 또한 의미심장합니다. 신앙심이 있다는 것으로부터 우리는 "신이 있다"라고 유추해 볼 수 있기 때문이지요. 마치 사람에게 갈증이 있음을 보고 사람에게는 물이 필요하며 물이라는 물질이 있을 수밖에 없다고 유추하는 것과 같은 맥락으로요.

그래서 결국 "그게 과연 기독교에서 말하는 신인지는 모르겠지만 신은 있는 것 같다"라고 고백하게 되는 것입니다. 그런데 우리 주변을 살피면 "아! 정말 하나님이 계시는구나!"라고 그분의 존재를 발견할 수밖에 없답니다. 이것을 성경에선 이렇게 표현합니다.

이는 하나님을 알 만한 것이 그들 속에 보임이라 하나님께서 이를 그들에게 보이셨느니라 창세로부터 그의 보이지 아니하는 것들 곧 그의 영원하신 능력과 신성이 그가 만드신 만물에 분명히 보여 알려졌나니 그러므로 그들이 핑계하지 못할지니라(로마서 1:19-20).

눈을 들어 세상을 바라보면 하나님의 신성을 드러내는 '흔적'들이 가득하다는 거예요. 미국의 CCM 가수 스티븐 커티스 채프먼은 〈Fingerprint of God〉(1999)이라는 노래를 불렀는데요. 제목을 번역하면 '하나님의 지문'입니다. 위의 성경 구절을 상징적인 시로 표현한 것이지요.

I can see the fingerprints of God When I look at you.
너를 볼 때면 나는 하나님의 지문을 보게 돼.
I can see the fingerprints of God And I know it's true.
하나님의 지문을 볼 수 있어. 정말로.
You're a masterpiece That all creation quietly applauds.
넌 모든 피조물이 찬사를 보내는 걸작이야.
And you're covered with the fingerprints of God.
넌 하나님의 지문으로 덮였단다.

우리의 손이 닿는 곳마다 지문이 남아 존재를 증명하듯, 우리에게는 하나님의 지문이 담겨 있다고 노래합니다. 하나님이 존재하시는 증거를 지문으로 표현하다니 정말 멋지지 않나요? 비슷한 표현이 성경 여러 군데에 등장하는데요. 대표적인 구절을 하나 예로 들게요.

> 주의 손가락으로 만드신 주의 하늘과 주께서 베풀어 두신 달과 별들을 내가 보오니(시편 8:3).

시인이 만물을 보니 그것을 만드신 '주의 손가락'이 보인다는 겁니다. 그래서 하나님이 계신다는 것을 결코 부정할 수 없었던 거지요. 제 주변에도 부정할 수 없는 하나님의 흔적을 발견한 사람들이 많답니다. 그중에서 몇 가지 사례만 소개해 볼게요.

사례1_ "자네, 그랜드캐니언을 본 적이 있는가?"

제가 이전에 섬기던 교회 담임목사님이 세미나 참석차 미국에 다녀오신 적이 있었어요. 현지 일정을 마무리하신 목사님은 남은 기간 잠시 주변을 둘러보는 일정을 보내셨는데요. 코스 중에 그랜드캐니언이 있었던 겁니다. 그때부터였어요. 교회로 복귀하신 목사님께 한 달 내내 그랜드캐니언 이야기를 듣게 된 것은…. 목사님과의 식사 시간마다 이런 대화가 이어졌답니다.

"배 목사님, 그랜드캐니언 가보았습니까?"
"아뇨, 저는 미국에도 못 가봤습니다." (분명히 지난번에도 말씀드렸는데…)
"그렇군요…. 그러면 그랜드캐니언이 얼마나 아름답고 장엄하고 압도적인지 모르겠군요!"
"네, 목사님, 저도 유튜브에서 4K로 봤는데, 정말 멋지더라고요!"

1부 하나님 The Origin

"그건 진짜가 아닙니다! 실제로 봐야 합니다. 말 그대로 압도됩니다. 그 앞에 서면 '하나님이 살아계시는구나!'라는 말이 터져 나올 수밖에 없습니다!"

목사님은 장엄한 대자연 앞에 서는 순간 입이 쩍 벌어지며 "이건 하나님이 하셨구나!"라는 고백이 터져 나올 수밖에 없으셨던 겁니다. 비슷한 사례를 볼까요?

사례2_ "수많은 새를 보니까요!"

한번은 주일예배를 마쳤을 때 한 청년이 급하게 절 찾아왔어요. 그녀는 매우 이채로운 광경을 목격한 것 같은 반짝이는 눈으로 이런 이야기를 들려주었답니다.

"목사님! 목사님! 목사님!"
"왜! 왜! 왜!"
"하나님은 계시네요! 정말로요. 지난주 제가 새에 대한 다큐멘터리 영화를 보고 왔거든요. 그런데 말이에요. 지구에는 다른 아름다움을 지닌 다양한 새가 얼마나 많은지 아세요? 대단해요! 그저 아름답기만 한 것이 아니라 기능적으로도 너무 대단해요! 영화를 보는 내내 '하나님이 계실 수밖에 없잖아!'라는 생각이 들어 눈가에 눈물이 고였어요. 하나님은 정말 대단한 예술가세요!"

"하… 할렐루야!"

이 청년은 다큐멘터리에 나오는 새들을 바라보며 하나님의 지문을 발견했던 것입니다. 하나님의 흔적들이요! 앞선 두 사례가 이미 신앙생활을 하고 있던 신자의 경험이라면, 다음 사례는 하나님을 믿지 않던 친구가 하나님의 흔적을 발견하고 한 고백입니다.

사례3_"눈 속에 작은 우주가 있어!"

"(치이이익…) 야, 하나님이 진짜 살아계신 거 같아."
"어어? 고기 굽다가 갑자기? 고기가 너무 맛있어서?"
"아니, 그런 건 아니고, 내가 해부 실습을 했거든. 사람 눈 속에 작은 우주가 있더라."
"오오… 그게 하나님이랑 무슨 상관이야? 좀 더 자세히 이야기해 봐!"
"으응, 사람 눈은 복잡하고 혼란한 것처럼 보이는데, 깊이 들여다보면 그 속에 규칙적이고 체계적인 우주가 있어. 이건 신이 아니고선 설명할 수 없는 영역이라고 감탄했어. 하물며 저 우주는 어떻겠어? 그래서 코스모스(cosmos: 질서, 우주)라고 부르나 봐. 하나님이 존재하시는 게 분명해."

친구는 비록 하나님에 대해선 몰랐지만, 그분이 계신다는 흔적을 발견했던 것입니다. 당신에게도 이런 경험들이 있지 않나요? 하나님의 흔적들을 보며 "하나님이 하셨다"라며 감탄했던 순간들 말이에요. 하나님이 계시지 않다면 사람 역시 우연의 산물일 수밖에 없어요. 우연은 목적이 없다는 의미이기도 하지요. 그러나 사람이 가진 가치 지향, 심미적인 추구, 이성적 능력, 상상력과 창조력, 영적인 추구, 신체적인 구조 등을 어떻게 설명할 수 있을까요?

독일의 디자이너 디터 람스는 가장 아름다운 디자인은 목적에 맞는 유용함에 있다고 말합니다. 사람의 면면을 보면 우연히 발생한 것이 아니라 초월적 존재가 분명한 목적과 의도를 갖고 아주 섬세하고 합리적으로 설계하고 만들어졌음을 깨닫습니다. 부디 여러분과 세상이 목적이 없는 우연의 산물이 아니라 특별한 목적을 갖고 만드신 하나님의 작품이라는 사실을 알게 되기를 바랍니다.

③ 오해와 이해의 갈림길

"올해 담임 선생님 어떤 분이야?"
"새로 오신 부장님 어떤 스타일이래요?"

당신도 분명 이런 질문을 해본 적이 있을 거예요. 왜 이런 질문을 할까요? 우리는 우리에게 영향력을 끼칠 만한 이의 성품이나 가치관에 크게 영향을 받기 때문이지요. 그래서 하나님이 어떤 분이신지 아는 것은 얼마나 중요한지 몰라요!

하나님은 어떤 분이실까요? 엄격한 원칙주의자실까요? 세상에 무관심하거나 개입할 의지가 없는 분이실까요? 즉흥적인 감정에 따라 이랬다저랬다 하시는 분이면 어떡하죠? 어쩌면 사람들과 적극적으로 소통하시고 세상 문제에 지대한 관심을 두고 개입하는 분일 수도 있겠죠? 우리는 하나님이 어떤 분이신지 알아야 행복하게 살아갈 수 있습니다.

당신이 생각하는 하나님은 어떤 분이신가요? 무엇을 근거로 그렇게 생각하게 되었나요?

하나님을 제대로 알기 위해선 그분을 아는 바른 방법(way)이 필요합니다. 하나님을 알아가는 데에는 두 가지 길(way)이 있어요. 저는 이 두 가지 길을 각각 '오해로(路)'와 '이해로(路)'라고 부릅니다.

여러분 앞에 두 갈림길이 펼쳐져 있어요. 하나님을 알아가는 데 이 두 가지 길 중에 하나를 택하게 됩니다. 무턱대고 아무 길에나 들어서서는 안 됩니다. 많은 사람이 '오해로'로 들어서서 하나님을 오해하고 그분을 미워하거나 떠나버리기도 했기 때문이에요. 우린 '오해로'가 아니라 하나님을 알아가는 '이해로'로 가야 합니다. 이 두 길의 차이가 무엇일까요?

오해로 – 지식과 경험

자, 우선 '오해로'부터 살펴볼까요? 이 길은 '논리적 판단, 경험적 판단, 과학적 연구, 철학적 사유'와 같은 것으로 하나님을 알아가는 길입니다. 듣기에 좋지요? 하지만 우리는 이 길로 들어서지 않도록 조심해야 해요. 사람이 가진 능력으로는 결코 하나님을 제대로 알 수 없기 때문이에요. 이 길을 잘 묘사하는 두 가지 비유를 들어 설명해 볼게요.

비유 1_ 맹인 코끼리 만지기

"오호라! 그랬군! 코끼리는 기둥을 뜻하는 것이었어!", "예끼, 이 사람! 무슨 소릴세. 코끼리는 기다란 밧줄을 가리키는 말일세!" 이 대화는 '맹인 코끼리 만지기'라는 오래된 우화에 나오는 대화입니다. 날 때부터 앞을 볼 수 없어 한 번도 코끼리를 보지 못한 사람이 코끼리를 제대로 그릴 수 있을까요? 결코 그럴 수 없을 겁니다. 그들은 볼 수 있는 능력이 결핍되었기에 코끼리를 있는 모습 그대로 인지하기 어렵습니다. 사람도 이와 똑같아요. 사람은 하나님을 알 수 있는 감각이 결핍되어 있어요. 그래서 하나님을 오해하는 것입니다. 성경은 일관되게 이처럼 사람의 능력 없음을 드러냅니다.

> 어리석고 지각이 없으며 눈이 있어도 보지 못하며 귀가 있어도 듣지 못하는 백성이여 이를 들을지어다 (예레미야 5:21).

어떤가요? 당신은 하나님이 보이나요? 만져지나요? 아니면 뭔가 느낌적인 느낌이 드나요? 그렇지 않을 거예요. 왜냐하면 사람의 감각기관으로는 하나님이 어떤 분이신지 전혀 알아낼 수가 없기 때문입니다. 그래서 어떤 사람이 하나님에 대해 느낀 바를 말한다고 해도 그 하나님은 실제 하나님과 다르실 수밖에 없답니다. 다음 비유를 볼까요?

비유 2_ 사람 손등 위의 개미

더듬더듬, 개미 한 마리가 더듬이를 휘저으며 먹이를 찾아다니다 풀밭에 걸터앉은 한 사람의 손등 위로 올라갔습니다. 이 개미는 자기가 올라탄 사람의 존재를 인식하고, 그가 어떤 사람인지 제대로 알 수 있을까요? 설마요. 그럴 리는 없지요. 아무리 더듬이를 열심히 휘저어도 거대한 장벽 같은 것으로 인식할지언정 그 벽이 움직이고, 말하고, 생각하고, 꿈을 꾸고, 창조적인 행위를 하는 '사람'인 것을 가늠조차 할 수 없어요. 왜 그런가요? 개미가 가진 감각기관으로 인식하기엔 사람은 너무나도 거대하고 심오한 존재이기 때문입니다.

하지만 하나님은 이러한 사람과 비교조차 할 수 없을 만큼 무한하시고 초월적인 존재랍니다. 하나님이 세상을 창조하시려면 세상보다 크셔야 하고, 시간을 만드시려면 시간 밖에 계셔야 해요. 그런데 우주의 티끌 같은 사람이 초월적인 하나님을 알 수 있을까요? 설마요. 절대 불가합니다.

정리하자면, 사람이 가진 것으로 하나님을 알 수 있는 길은 전혀 없어요. 하나님을 인식하기에 사람은 능력이 없고, 반대로 하나님은 너무나 거대하고 심오하시기 때문이에요. 그래서 우리가 생각하는 하나님은 사람의 경험에 제한되는 경우가 많아요.

왜인지 하나님은 경찰 같고, 우리 아빠 같거나, 사람들이 보통 신에게 바라는 딱 그 모습이지요. 어떤 면에서 하나님에 대한 기대는 사람들이 마치 연예인에게 갖는 막연한 기대와 비슷해요. 저 역시 학창 시절에 참 좋아했던 가수가 있었는데요. 순수한 팬심을 지닌 저는 그녀가 결단코 화장실에 갈 리가 없다고 생각했답니다. 어떻게 요정 같은 그녀가 저처럼 화장실에 가겠어요! 그야말로 '환상 속의 그대'였던 거예요. 하지만 환상 속의 그녀가 현실 속의 그녀와 결코 같을 리 없겠죠. 실상 우리는 상대방에 대해 잘 모릅니다. 그럼에도 자기가 만든 환상과 실재가 다르면 충격을 받기도 하고, 실망했다며 되레 화를 내기도 합니다. 그 사람은 그대로이고 우리가 오해했음에도 말이에요. 사람에 대해서도 그러할진대 하나님에 대해선 오죽할까요?

그래서 우리가 가진 능력이나 감각으로 하나님을 알려 하고 이해하려 하는 것은 '오해로' 가기 십상입니다.

이해로 – 계시

자, 이제 반대편의 '이해로'를 살펴봅시다. 제가 오해했던 연예인 이야기로 이어갈게요. '환상 속의 그대'가 '현실 속의 그대'가 되려면 어떻게 해야 할까요? 방법은 단 한 가지밖에 없어요. 그 요정 같은 가수가 저를 찾아와 이렇게 말해 주는 것입니다. "저는 요정이 아니라 당신과 똑같은 사람이에요. 사실… 저도 화장실에 가요"라며 자기를 알려 준다면! 비로소 그때부터 그녀를 아는 게 가능해집니다. 거기다 제가 묻지도 않았는데 "저는 김치찌개와 라자냐를 좋아하고, 스케줄이 없을 때는 머리를 안 감을 때도 있어요. 헤헷"이라고 진솔하게 얘기해 준다면 제 환상은 그만큼 현실로 바뀔 겁니다. 우리가 하나님을 아는 것도 이와 같아요. 하나님 편에서 자기에 대해 말씀해 주실 때, 우리는 비로소 하나님이 어떤 분이신지 알 수 있답니다. 이것이 하나님을 알아가는 유일한 길(way) '이해로'입니다.

하나님이 굳이 사람을 찾아오셔서 구구절절 말씀하시겠냐고요? 예, 실제로 그런 일이 일어났습니다. 하나님은 자기를 알려 주기를 너무나 좋아하는 'TMI 스타일'이십니다. 이렇게 하나님이 찾아와 알려 주시는 것을 가리켜 '계시'라고 부릅니다.

이 계시를 단번에 이해시켜 주는 장면이 있는데요. 오래된 가구 회사 광고랍니다. 이 광고는 장롱 하나를 비추며 시작합니다. 그러다가 갑자기 장롱의 양쪽 문이 열리면서, 장롱 안에 있던 여인(?)이 "파로마!"라고 브랜드를 큰 소리로 외치고 다시 장롱의 문을 닫으며 끝이 납니다. 이게 계시입니다. 문이 닫혀 있을 때는 그 안에 무엇이 있는지 도무지 알 수가 없어요. 그런데 장롱 문이 안쪽에서부터 열리며 그 틈 사이로 속에 있는 것이 '열린 만큼' 드러납니다.

이처럼 하나님이 우리에게 열어 보이신 만큼만 우리는 하나님을 알게 됩니다. 하나님은 사람들에게 이 계시를 통해 하나님을 알려 오셨어요.

옛적에 선지자들을 통하여 여러 부분과 여러 모양으로 우리 조상들에게 말씀하신 하나님이 이 모든 날 마지막에는 아들을 통하여 우리에게 말씀하셨으니(히브리서 1:1 - 2).

예전에는 선지자라고 불리던 자들에게 먼저 알려 주시고 그들이 다른 사람들에게 전하게 하셨지요. 그런데 '한 다리 건너' 들어서 그런 걸까요? 선지자에게 이야기를 들은 사람들이 그 이야기를 알아듣지 못하고 들으려 하지도 않는 겁니다.

그래서 하나님은 직접 사람들을 만나기로 결심하셨어요. 우주보다 크신 분이 티끌 같은 사람의 모습으로 이 땅에 오셨답니다. 그분이 바로 하나님의 아들 예수님이십니다. 하나님은 아들을 통해 자기에 대해 이야기하셨지요. 그 아들을 알아가는 만큼 하나님을 알아가게 되는 거예요.

예수께서 대답하셨다. "빌립아, 내가 이렇게 오랫동안 너희와 함께 지냈는데도, 너는 나를 알지 못하느냐? 나를 본 사람은 아버지를 보았다. 그런데 네가 어찌하여 '우리에게 아버지를 보여 주십시오' 하고 말하느냐?(요한복음 14:9, 새번역)

사람들은 예수님을 통해 하나님을 알아가게 되었답니다. 우리가 예수님을 만난다면 하나님을 제대로 알 수 있어요! 그런데 문제는 예수님이 지금 이 세상에 계시지 않다는 것이지요. 다시 오신다는 약속을 하고서 하늘로 가셨거든요. 그렇다면 이제 다시 우리가 하나님을 알아갈 방법이 없는 것일까요? 아니요! 하나님은 더 좋은 계시의 방법을 마련하셨답니다. 바로 기록된 하나님의 자기소개서인 '성경'이에요. 예수님이 공식적으로 인정하신 방법이 바로 성경입니다.

> 너희가 성경에서 영생을 얻는 줄 생각하고 성경을 연구하거니와 이 성경이 곧 내게 대하여 증언하는 것이니라(요한복음 5:39).

이제는 오로지 이 성경을 통해서만 하나님에 대해 알아갈 수 있어요. 성경을 통해 환상 속의 하나님은 현실 속의 하나님으로 바뀌어 갑니다. 오해가 이해로 바뀝니다. 그런데 이 '이해로'를 걸을 때 주의해야 할 점이 있어요. 바로 성경을 대하는 태도입니다.

올바로 – 성경을 대하는 바른 태도

성경을 통해 '이해로'를 걷다가 간혹 좌로나 우로 치우쳐 '오해로'의 샛길로 빠져버리는 사람이 있어요. 그래서 '이해로'의 중간에 '올바로'라는 표지판이 붙어 있답니다. 'all bible road'의 줄임말이기도 해요. 하나님을 이해하는 이 여행길에서 우리는 성경의 모든 것을 있는 그대로 받아들여야 합니다. 그래야 하나님을 제대로 알 수 있어요.

성경을 어디까지 신뢰해야 할까요? 성경을 통해 하나님을 알아가고자 하는 사람들은 두 가지 입장 중 한 가지를 택합니다.

〈성경에는 하나님의 말씀이 있다. vs 성경은 하나님의 말씀이다.〉

이 둘 중 당신의 입장은 무엇인가요? 전자는 성경에는 하나님의 말씀도 있고, 사람이 쓴 것도 있다는 견해입니다. 이렇게 주장하는 사람들은 성경을 읽을 때 자기의 지식과 경험에 미루어 납득되지 않으면 "이건 하나님의 말씀이 아니야! 사람이 쓴 거네"라며 제거해 버립니다. 그러나 지금 당장은 이해가 되지 않거나 모순적으로 보이는 부분이라도 하나님을 더 알아갈수록 그 깊은 의미를 깨닫고 깜짝 놀랄 것입니다.

그렇다면 후자의 입장은 어떨까요? 이들은 성경을 일점일획도 오류가 없는 하나님의 말씀으로 올바로 받아들인 사람들입니다. 그들은 성경의 저자가 하나님이시라고 믿어요. 성경을 보니 기록한 사람들의 이름이 나오는데 왜 하나님이 쓰신 거냐고요? 아주 중요한 질문이에요. 성경 스스로 저자가 누구라고 밝히는지를 봅시다.

너는 두루마리 책을 가져다가 내가 네게 말하던 날 곧 요시야의 날부터 오늘까지 이스라엘과 유다와 모든 나라에 대하여 내가 네게 일러 준 모든 말을 거기에 기록하라(예레미야 36:2).

자, 여기서 퀴즈! 이 구절에 근거하면 예레미야서의 저자는 누구일까요? 맞아요. 하나님이십니다. 물론 예레미야가 기록했지만 하나님의 말씀을 받아서 기록했어요. 그래서 예레미야서의 진짜 저자가 하나님이신 것입니다. 성경 중에는 예레미야서처럼 저자가 하나님이시라고 분명히 밝히는 책(출 17:14, 렘 25:13, 합 2:2, 계 22:18-19 등)도 있지만 드러나지 않기도 해요. 그렇다고 할지라도 하나님은 저자의 영혼에 성령으로 감동을 주셔서 하나님의 뜻을 하나님의 마음으로 쓰게 하셨어요.

하나님은 성경 저자들이 처한 시대, 문화, 정치, 경제 등의 정황 속에서 그들이 가진 언어, 학식, 경험 등을 다 사용하셔서 성경을 기록하게 하셨답니다. 그래서 성경의 최종 저자는 하나님이신 것입니다.

이러한 성경의 기록 방식 때문에 갖는 특별함이 있답니다. 신기하게도 성경 각각의 책이 다 같은 이야기를 할 뿐만 아니라 통일성 있게 이어진다는 사실이에요. 이게 왜 신기한 점일까요? 한번 생각해 보세요. 성경 안에는 총 66권의 책이 있고, 각기 다른 저자 40명이 무려 1600여 년에 걸쳐 불연속적으로 기록했어요. 그런데 어떻게 그 주제가 달라지지 않고, 모든 내용이 유기적으로 이어지고 통일성을 가질 수 있을까요?

만약 영화를 그런 방식으로 찍는다고 하면 관람하기 민망할 정도로 '망작'이 될 것이 틀림없어요. 그러나 성경은 모든 책이 놀랍고도 명확하게 하나의 주제를 드러낸답니다. 이 성경은 하나님을 알아가기에 충분히 신뢰할 수 있는 유일한 방법이랍니다.

하나님은 [　　]시다

자, 이제 드디어! 하나님이 어떤 분이신지 알아볼 차례입니다. 혹시 속으로 '이제서야?'라고 생각하지 않았나요? 그러나 충분히 필요한 과정이었어요. 지금까지는 하나님을 제대로 알아가는 길에 방해가 될 만한 장애물들을 미리 해결한 거라고 생각해 주세요. 이제는 차례차례 하나님을 알아갈 일만 남은 거예요.

이 시간이 더욱 유익해지려면 지금껏 당신이 하나님을 어떤 분으로 생각해 왔는지 정리해 두는 것도 좋은 방법이랍니다. 하나님에 대한 내 생각이 얼마나 성경과 차이가 나는지 비교할 수 있을 테니까요. 자, 일단 아래 빈칸에 하나님을 향한 여러분의 생각을 명제 형식으로 써봅시다. 몇 가지든 괜찮으니 충분히 생각해 보세요.

하나님은 [　　　　　　　　　　]시다.

다 되었지요? 이제 성경이 말하는 하나님에 대해 네 가지로 정리할 것입니다.

하나님은 영이시다

종종 "하나님은 어떻게 생기셨어요?"와 같은 질문을 받을 때가 있답니다. 그러게요. 어떻게 생기셨을까요? 하나님이라고 하면 눈처럼 하얀 머리털과 복슬복슬한 수염을 가진 근엄한 할아버지를 떠올리는 사람들도 있어요. 아마도 성경의 이야기를 표현한 옛 명화들의 영향인 것도 같아요. 지금부터 우리가 살펴볼 내용을 이해한다면 위의 질문에 어느 정도 대답이 될 거예요. 제일 먼저 성경은 "하나님은 영이시다"라고 정의합니다.

하나님은 영이시니 예배하는 자가 영과 진리로 예배할지니라(요한복음 4:24).

'영'이라고 하니 조금 어렵게 들리겠지만, 쉽게 설명하자면 영은 '하나님', '천사', '인간의 영혼' 같은 초자연적인 존재들의 본질을 구성하는 초월적이고(다 이해되지 않고), 비물질적이고(느낄 수 없고), 이성적인(정신과 마음이 있는) 실체를 의미합니다. 영은 느껴지지 않지만, 분명히 존재합니다. 예, 보이지 않으니 믿기가 힘들죠? 사람은 사물에 대한 정보를 눈, 코, 귀 같은 감각기관을 통해 얻지요. 그런데 '영'은 우리의 오감으로 인식할 수가 없으니 좀처럼 받아들이는 게 쉽지 않아요. 하지만 느끼지 못한다고 해서 존재하지 않는 것일까요? 그렇지 않음을 우리는 이미 잘 알고 있는걸요. 눈의 예를 들어볼까요?

우리의 눈은 빛을 통해 사물의 형태를 인식해요. 빛을 프리즘에 통과시키면 무지갯빛으로 펼쳐집니다. 이 스펙트럼이 우리로 사물을 보게 한다고 하여 '가시광선'이라고 합니다. 그런데 가시광선이 빛의 전부는 아니에요. 눈에는 보이지 않지만, 빨간색 밖에는 있는 '적외선', 보라색 밖에 있는 '자외선'이 있답니다. 적외선을 이용하면 열을 볼 수 있고, 자외선 때문에 우린 선크림을 열심히 바르죠. 그 외에도 우리의 뼈를 보여 주는, 정의할 수 없는 빛이라 하여 X-ray라고 부르는 빛도 있어요. 이렇듯 우리의 감각이 인식하지 못한다고 하여서 없다고 성급하게 단정 지으면 안 됩니다.

1961년 냉전 시기 미국과 경쟁하던 소련은 최초로 유인우주선을 우주 궤도로 쏘아 올렸어요. 그때 소련의 수상 니키타 흐루시초프는 의기양양하게 "하늘 위로 사람을 보냈지만, 신은 보이지 않았다. 이로써 우리는 신이 없음을 증명했다!"라고 선언했답니다. 그는 하늘 위로 올라가면 하나님이 있는지 없는지 '볼 수 있다'고 생각한 것입니다. 그리고 결국 자기 시각에 근거하여 하나님은 없다고 선언했어요. 안타깝게도 그는 하나님이 영이신 줄도, 천국이 영적인 세계인 줄도 몰랐던 겁니다.

혹 이렇게 반문하는 사람도 있을 거예요. "그러니까… 하나님이 안 보인다는 거죠? 육체도 없고요? 그런데 하나님이 사람을 '자기 형상대로' 만드셨다고 했잖아요. 그러니까 하나님은 우리처럼 생기신 게 아닌가요?" 맞아요! 우리의 모습은 하나님과 닮았어요. 그렇지만 하나님을 사람의 모습이라고 하는 것은 '사람 중심'으로 생각한 결과랍니다. 예를 들어, 이 두 명제 중에 어떤 것이 더 옳은 표현일까요?

〈나는 아빠를 닮았다. vs 아빠는 나를 닮았다.〉

그게 그거 아니냐고요? 그래도 엄밀히 따지면, 아빠가 나를 닮은 게 아니라, 내가 아빠를 닮은 게 맞아요. 아빠가 나보다 먼저 존재했기 때문입니다. 마찬가지로 하나님이 우리를 '자기 형상대로' 만드셨다면, 하나님이 우리를 닮으신 게 아니라, 우리가 하나님을 닮았다고 하는 것이 더 올바른 표현이겠죠? '우리가 영이신 하나님을 닮도록 영으로 만들어졌다'라고 말이에요.
성경은 하나님이 사람을 만드실 때 흙으로 빚고, 코에 생기(네페쉬: 숨, 영)를 불어 넣어서 '살아있는 영'(生靈)이 되게 하셨다고 해요. 즉, 우리는 육체를 가진 존재이면서 하나님처럼 영적인 존재인 것이지요.

여호와 하나님이 땅의 흙으로 사람을 지으시고 생기를 그 코에 불어 넣으시니 사람이 생령이 되니라(창세기 2:7).

"영이신 하나님이 사람을 영으로 창조하셨다"라는 원리를 아는 것은 너무너무 중요합니다. 하나님이 유독 사람만 영으로 만드신 이유가 무엇일까요? 여기서 우리는 하나님이 '교제하시는 분'이라는 것을 알게 됩니다. 하나님이 그분과 소통하고 교제하며 사랑하도록 저와 당신을 만드셨다는 거예요! 이게 얼마나 놀라운 이야기인지 느껴지나요?

사람과 가장 친밀한 반려동물은 개라고 알려졌지요. 그래서 개와 같은 공간에서 살고, 집안의 돌림자를 넣어 이름을 붙여 주기도 하고, 자녀 또는 동생처럼 대하며 부르기도 합니다. 그렇다고 해서 개에게 사람 사이의 인격적인 깊은 교제를 기대하기는 어려워요. 개에게 인생의 고뇌와 슬픔을 토로하거나 기쁨을 공유하고 더 깊이 서로 이해하는 인격적인 관계는 불가능합니다. 왜일까요? 이유는 간단해요. 개는 사람이 아니기 때문이에요. 이것은 종의 차이에서 오는 한계입니다.

그런데요, 하나님이 사람을 그분과 같은 영으로 만드셨다면 사람은 영이신 하나님과 소통하고 교제하고 더 깊은 인격적인 관계를 목적으로 한 존재라는 의미지요. 이 얼마나 놀라운 이야기인가요? 우린 오감이 아니라 영으로 하나님과 교제합니다. 그래서 성경은 "하나님은 영이시니 예배하는 자가 영과 진리로 예배할지니라"(요 4:24)라고 말해요. 이것이 하나님이 영이시며, 우리가 영적 존재로 창조되었다는 말의 의미입니다.

하나님은 전능하시다

많은 사람이 신을 떠올릴 때 '초월적 존재'를 생각합니다. 그들의 상상 속에 어떤 신은 태양을 주관하고, 또 어떤 신은 지혜를 주관하고, 심지어 어떤 신은 생명과 죽음을 주관한다고 여깁니다. 그렇다면 성경은 하나님이 어떤 능력이 있다고 할지 궁금하지 않나요? 성경은 한마디로 하나님에 대해 이렇게 정의합니다.

"하나님은 전능하시다."

나는 전능한 하나님이라 너는 내 앞에서 행하여 완전하라(창세기 17:1).

너희는 눈을 높이 들어 누가 이 모든 것을 창조하였나 보라 주께서는 수효대로 만상을 이끌어 내시고 그들의 모든 이름을 부르시나니 그의 권세가 크고 그의 능력이 강하므로 하나도 빠짐이 없느니라(이사야 40:26).

하나님은 "말하는 대로, 말하는 대로" 다 가능하신, 못 하는 것이 없으신 분입니다. 세상에 하나님이 불가능한 일이라고는 단 하나도 찾을 수가 없어요. 우리가 성경을 읽으며 하나님을 알아가면 이 능력의 하나님을 발견하고 감탄하게 됩니다.

주께서는 못 하실 일이 없사오며 무슨 계획이든지 못 이루실 것이 없는 줄 아오니(욥 42:2).

여호와께서 그가 기뻐하시는 모든 일을 천지와 바다와 모든 깊은 데서 다 행하셨도다(시 135:6).

하나님은 그 크고 무한하신 능력으로 세상을 만드셨고 지금도 유지하시고 운행하십니다. 그래서 하나님을 발견한 사람들은 예외 없이 경외를 담아 '전능하신 하나님'이라고 고백하며 무릎을 꿇습니다. 하나님이야말로 연약하고 한계를 가진 우리가 마땅히 의지해야 할 분이시라는 것도 깨닫게 되지요.

우리는 여기에서 한 발 더 들어가야 해요. 하나님이 전능하시기에 그분과 우리의 관계가 결정됩니다. 성경은 하나님의 전능하심을 나타내는 가장 대표적인 일이 창조라고 합니다. 당신도 "전능하신 하나님이 세상을 창조하셨다"라는 사실을 받아들이나요? 좋아요, 그렇다면 응당 세트로 받아들여야 하는 사실이 있답니다. 그것은 "하나님이 창조하셨기에 그분이 주인 곧 왕이시다"라는 것입니다.

이건 그다지 어려운 이야기는 아니에요. 노래나 그림 같은 창작물의 주인은 누구일까요? 그것을 만든 사람이죠! 그래서 저작권법을 통해 그의 주인 됨을 보호합니다. 하물며 라면 하나를 끓여도 소유권이 확실하잖아요? 누군가가 "라면 맛 좀 보자" 하면서 내가 끓인 라면에 섣불리 젓가락을 갖다 댔다간 라면 맛 대신 주먹맛(?)을 보게 될지도 모릅니다. 작품의 소유권은 만든 이에게 있다는 말은 너무나 당연합니다. 그래서 '세상의 소유권은 그것을 만드신 하나님께 있다'라는 명제도 당연합니다. 세상의 주인은 하나님이십니다. 이것이 하나님을 향해 창조주(主)라고 부르는 까닭입니다. 사람을 만드신 분이 하나님이라는 사실을 받아들인다면 하나님이 모든 사람의 주인, 곧 저와 당신의 왕이신 것도 받아들여야 합니다.

하나님은 전지하시다

또 성경은 하나님이 전지하시다고 합니다.

> … 모든 것을 아시기 때문이라(요한1서 3:20).

> 너희에게는 머리털까지 다 세신 바 되었나니(마태복음 10:30).

> 그가 별들의 수효를 세시고 그것들을 다 이름대로 부르시는도다(시편 147:4).

> 그대는 겹겹이 쌓인 구름과 완전한 지식의 경이로움을 아느냐(욥기 37:16).

하나님은 우리의 머리털뿐만 아니라 별의 수를 세십니다. 우주가 정확하게 운행되는 모든 원리를 아시고, 지난날과 지금 그리고 앞날의 모든 것을 알고 계시죠. 하나님이 모르시는 것이라고는 그 어떤 것도 없어요. 우리가 '안다'는 것과 하나님이 '안다'는 것은 감히 비교할 수 없답니다. 이 하나님을 발견한 사람들은 경외를 담아 '전지하신 하나님'이라고 찬양합니다. 그리고 그 하나님이 저와 당신 역시 다 알고 계신답니다.

> 주님은 하늘에서 굽어보시며, 사람들을 낱낱이 살펴보신다. 계시는 그곳에서 땅 위에 사는 사람을 지켜 보신다. 주님은 사람의 마음을 지으신 분, 사람의 행위를 모두 아시는 분이시다(시편 33:13-15, 새번역).

하나님은 우리의 행동을 다 아십니다. 거기에 더해 우리의 마음속까지도 다 알고 계신다고 합니다. 오래전 유행가의 가사 "네가 나를 모르는데, 난들 너를 알겠느냐?"처럼 우리는 상대방의 마음을 알 수 없어요. "아빠가 내 맘 알아?"라고 가장 가까운 혈육에게도 듣는걸요? 그래서 우리는 외로움을 느껴요. 누구도 나를 이해 못 하고 위로할 수 없다고 생각해요. 하지만 우리를 완전히 아는 분이 계신다면 어떨까요? 심지어 그분은 나조차도 알지 못하는 내 마음속 깊은 곳에서 피어나는 생각까지도 아신다면요?

우리는 오로지 그분 앞에서만 이해받을 수 있고, 염려 없이 있는 그대로의 나를 드러낼 수 있겠지요. 나보다 나를 더 잘 아는 분이 계신다는 사실이 얼마나 큰 위로가 되나요? 우리는 하나님께 우리 삶의 고민을 기꺼이 털어놓을 수 있답니다. 하지만 우리가 잘못된 행동을 하거나 악한 마음을 품을 때는 어떨까요? 그 어떤 것도 숨길 수 없고 모든 것을 밝히 아는 분이 계신다는 것은 우리로 몹시 두렵게 합니다. 사람들이 미소 지으며 일상을 살아갈 수 있는 것은 다른 사람에게는 드러나지 않는 저마다의 방이 있기 때문입니다. 아무도 보지 않는 곳에서 내가 하는 행동, 아무도 모르게 떠올리는 생각을 숨기는 곳 말이에요. 만약 그 안의 일부라도 유출된다면 우리는 몹시 민망할 뿐 아니라 더 이상 사회생활을 못 하게 될 수도 있답니다. 어휴… 상상만 해도 오금이 저려요.

그러나! 전지하신 하나님 앞에선 모든 것이 드러나게 됩니다. 하나님은 우리 마음의 가장 깊은 곳의 생각까지도 아시는 분이니까요. 어떤가요? 지금 당신이 속으로 하는 바로 그 생각! 그 의도들을 하나님이 이미 알고 계신다면… 우리는 그분 앞에 고개를 들 수 있을까요?

하나님은 사랑이시다

우리는 영으로 창조되었기에 하나님과 연결된 관계지요. 하나님은 능력으로 우리를 창조하셨기에 우리의 왕이십니다. 그런 그분이 우리의 생각까지도 다 아십니다. 만약 우리가 왕께 불경한 생각이라도 한 것이 발각된다면 어떻게 될까요? 이제 중요한 것은 우리를 향한 하나님의 마음이 어떠하신가입니다. 그분이 우리를 노예 중의 한 명으로 여기신다면, 대체할 수 있는 부속품으로 여기신다면 어떻게 될까요? 성경은 우리에 대한 하나님의 마음을 이렇게 서술해 줍니다.

하나님이 세상을 이처럼 사랑하사 독생자를 주셨으니 이는 그를 믿는 자마다 멸망하지 않고 영생을 얻게 하려 하심이라(요한복음 3:16).

성경은 명확하게 "하나님이 세상(사람들)을 사랑하신다"라고 합니다. 그 사랑 때문에 우리의 문제를 해결할 방법을 찾으시고, 결국에는 사랑하는 아들을 내어 주기까지 하셨다고 합니다. 우리는 이 진술 앞에 "그랬구나…"라고 무미건조하게 반응하면 안 됩니다.

두 아이의 아빠인 저로선 도무지 이해되지 않는 사랑입니다. 자기가 만든 피조물을 구하겠다고 하나밖에 없는 아들을 내어 준다고요? 상상이나 할 수 있는 일일까요? 세상에 그런 아빠가 어디에 있어요? 사람이 하나님의 아들과 바꿀 만큼 가치 있는 존재일까요? 그런데! 그 말도 안 되는 사랑을 하나님이 하십니다.

왜 그렇게까지 하실까요? 그건 사람이 하나님 사랑의 결실이기 때문이에요. 사랑하는 두 사람이 만나 결혼하고 아이를 낳으면 희한하게 바보가 됩니다. 아들 바보, 딸 바보요. 아이들이 무슨 짓을 해도 그렇게 사랑스러울 수가 없어요. 왜 그럴까요? 자녀는 남편과 아내의 서로를 향한 넘치는 사랑의 결과로 태어났기 때문이에요. 두 사람의 사랑이 넘쳐흘러 사랑의 대상이 만들어진 것입니다.

하나님이 사람을 만드신 것도 이와 똑같아요. 아니, 그 모든 자녀 사랑의 원조는 하나님이시라고 보는 게 더 정확한 표현이겠네요. 하나님은 사람을 만들어 놓고 보니 괜찮아서 사랑하신 것이 아니라 사랑 때문에, 그 사랑이 넘쳐흘러서 사랑의 대상으로 사람을 만드신 것입니다.

하나님은 사람을 창조하실 때를 기대하고 기다리시며, 사람을 위해 세상이라는 공간을 만들고(창 1:3-10), 만물을 채워 넣으셨지요(창 1:11-25). 마치 출산을 기다리며 아이 방을 준비하는 부모처럼 말이에요. 하나님이 누굴 사랑하셨기에 그 사랑의 결과로 우리를 만드셨냐고요? 그 답이 성경에 있어요.

> 하나님은 사랑이시라(요한1서 4:16).

성경은 "하나님은 사랑이시라"라고 진술합니다. 존재 자체가 사랑이시라고 합니다. 사실 사랑이라는 말은 이런 방식으로 사용될 수 없답니다. 사랑이라는 단어는 반드시 사랑의 대상이 목적어로 나와야 합니다. 존재 자체가 사랑이 되기 위해서는, 하나님이 영원히 사랑하시는 대상이 있어야 해요. 그러면 하나님이 세상을 창조하지 않으셨을 때, 그때 하나님은 누구를 사랑하신 것일까요? 누구를 사랑한 결과로 사람을 만드셨나요? 바로 '하나님의 아들'입니다.

> 그것은 또, 아버지께서 나를 보내셨다는 것과, 아버지께서 나를 사랑하신 것과 같이 그들도 사랑하셨다는 것을 세상이 알게 하려는 것입니다(요한복음 17:23, 새번역).

아들을 향한 하나님의 사랑이 너무 크고 넘쳐흘러서 그 사랑의 대상으로 만들어진 존재가 사람입니다. 그래서 하나님은 사람과 사랑하시기 위해 하나님이 영이신 것처럼 사람도 영적인 존재로 만드셨습니다.

사랑이신 하나님이 저와 당신을 사랑하십니다. 아들을 내어 줄 정도로 사랑하십니다. 사랑이신 하나님은 우리가 진정으로 행복하기를 바라십니다. 우리에게 이 사랑이 필요한 이유가 뭘까요? 그 사랑으로 우리에게 무엇을 하셨을까요? 당신을 위한 이야기가 다음 장에서 이어집니다.

질문이 배송되었습니다

1. 세상에는 하나님의 존재를 알게 할 흔적들이 가득합니다. 당신은 하나님이 살아계신다고 느낀 적이 있나요? 당신이 발견한 흔적은 무엇인지 생각해 봅시다.

2. 하나님을 오해하지 않고 바르게 이해할 수 있는 유일한 방법은 하나님이 우리를 찾아오셔서 하나님에 대해 가르쳐 주시는 것입니다. 이것을 _____ 라고 합니다. _____ 를 통하여 계시하시던 하나님은 직접 _____ 의 모습으로 찾아오셨습니다. 그리고 승천하신 이후 기록된 _____ 을 통하여 우리가 하나님을 알아가게 되었습니다. 성경은 일점일획도 오류가 없는 하나님의 _____ 입니다. 성경에 대한 당신의 태도는 어떤가요?

3. 성경은 하나님을 영이시라고 합니다. 영이신 하나님은 사람을 _____ 존재로 창조하시고 _____ 하기 원하셨습니다.

4. 하나님은 _____ 하십니다. 그 능력으로 세상과 사람을 창조하셨습니다. 그래서 우리는 경외감을 담아 창조_____ 라고 부릅니다. 하나님은 사람의 _____ 이 되십니다. 하나님이 전능하신 분인 것을 알 때 당신의 삶은 어떻게 달라질 수 있습니까?

5. 하나님은 _____ 하십니다. 하나님이 모르시는 것은 있을 수 없습니다. 심지어 우리의 _____ 까지도 아닙니다. 그러므로 우리는 하나님께 온전한 이해를 받을 수 있습니다. 하나님이 전지하신 분인 것을 알 때 당신의 삶은 어떻게 달라질 수 있습니까?

6. 하나님은 _____이십니다. 하나님은 사람을 위하여 _____까지도 내어 주셨습니다. 사람은 의미 없는 존재가 아니라 하나님의 _____의 결과입니다.

7. 1부 〈하나님〉을 읽기 시작할 때 당신이 적었던 "하나님은 [   ]시다"라는 명제는 어떻게 바뀌었나요? 바뀐 생각을 쓰고, 깨닫게 하신 하나님께 감사를 올려 드리며 기도로 마무리합니다.

- Before

- After

답 2. 계시, 선지자, 사람, 성경, 말씀 3. 영적, 교제 4. 전능, 주, 주인(왕) 5. 전지, 생각 6. 사랑, 아들, 사랑

믿는 것과 아는 일에 하나 되는 기도

"온 세상의 주인이신 하나님, 부정할 수 없는 하나님의 흔적을 발견하고 이제 하나님을 더 알아가기를 원합니다. 하나님이 주신 계시인 성경을 통해 하나님에 대한 오해가 이해로 바뀌기를 바랍니다. 하나님을 나의 왕으로 모시며 하나님과의 깊은 교제를 기대합니다. 하나님을 알아가게 하심에 감사합니다. 예수님의 이름으로 기도합니다. 아멘."

행복할 수 있을까?
행복할 수 있었어!
범죄 현장
사형 선고

2부

죄

The Problem

1 행복할 수 있을까?

당신은 행복한가요?

갑자기 훅 들어온 질문에 당황했겠지만, 저 지금 궁서체로 물어 보고 있으니까(진지하게 묻는다는 뜻이에요) 신중히 고민하고 대답해 주세요. 행복은 아주 중요한 거니까요. 우리는 어떻게 하면 행복을 얻을 수 있을까요? 많은 사람이 선택하는 길을 가면 거기서 행복을 찾을 수 있을까요? 집? 차? 돈을 많이 벌고 편히 쓸 수 있으면 행복할까요? 맛난 음식을 원 없이 먹고도 살이 찌지 않으면 행복할까요? 많은 인기? 원하는 학교나 직장? 이상형과의 만남이요? 예, 행복할 거예요. 아주 잠시요. 이상하게도 이런 행복들은 알코올처럼 금세 휘발해 버립니다. 금방 질리고 허무해집니다. 더 크고 더 많은 것으로 채우지 않으면 오히려 이전보다 더 공허함을 느끼게 되지요. 이런 것들을 진짜 행복이라고 할 수 없어요.

이미 우리는 미디어를 통해 그것들을 가졌다고 하는 이들의 삶이 다 행복하지는 않다는 것을 알고 있어요. 이상하지요? 행복을 얻으려 노력하면 노력할수록 되레 불행해지는 것 같아요. 오죽하면 미국 심리학회(APA)에선 「행복을 추구하는 것이 사람을 불행하게 만든다」라는 논문[21]을 발표하기까지 했을까요? 정말 사람은 행복할 수 있는 존재일까요? 그게 아니라면 우리가 그토록 열심히 살아야 할 이유가 있을까요? 바로 여기에서 '욜로'(YOLO, You Only Live Once, 인생은 한 번뿐이니 오늘을 즐겨!)와 같은 태도가 나오는 거지요. 우리 정말 행복한가요? 아니, 행복할 수 있을까요?

행복에 관한 고민은 오늘 우리만의 고민은 아니랍니다. 사람들은 아주 오래전부터 똑같은 질문의 답을 찾아 헤매었어요. 이 고민을 전문적으로 해왔던 그룹이 있는데 바로 철학자들입니다. 그들이 제시한 해결책은 저마다 달랐지만 행복하지 못하는 원인에 대해선 공통점이 있었어요. 우리 인생에는 두 가지 궁극적인 결핍이 있는데 그걸 채우지 못해서 행복할 수 없다는 거예요. 그게 무어냐! 조건 없는 사랑을 받는 것과 인생의 목적을 아는 것입니다. 맞아요. 우린 사랑받기를 원해요. 존중받기를 원하죠. 어려서부터 부모, 친구, 이성에게 사랑과 인정을 받기 위해 발버둥 쳤어요.

일터에서도 사회집단에서도 인정받고 싶어 하고, 이제는 SNS에서도 사랑받고 싶어 해요. 그 사랑을 얻기 위해 사람들이 요구하는 수준으로 맞추려고 애씁니다. "네가 예쁘고 잘 생기면 사랑할게", "네가 공부를 잘하면", "네가 착하면", "네가 돈이 많으면", "네 실적이 좋으면"… 수많은 조건이 사랑을 약속합니다. 하지만 그렇게 조건을 맞춰 사랑을 받는다고 해도 늘 불안합니다. 왜요? 내 조건이 사라질 수도 있고, 나보다 조건 좋은 이가 나타나면 받았던 사랑마저 빼앗길 테니까요.

그런가 하면 우리는 어린 시절부터 "넌 꿈이 뭐야?"라는 질문을 들어 왔어요. 열심히 고민했지만, 답은 없고 세상의 급류에 떠밀려 선택하는 삶을 삽니다. 성인이 되어서도 "내가 무엇을 하고 싶은지 모르겠어요"라고 말하고, 심지어는 나이 지긋한 어른이 되어도 알프스산의 나폴레옹마냥 "여기가 아닌가 봐"라고 한탄하게 됩니다. 세상엔 조건 없는 사랑도 없고, 인생의 목적을 아는 것도 불가능해 보입니다.

그렇다면 하나님의 말씀인 성경에서는 무어라고 할까요? 성경에는 답이 있을까요? 예! 성경은 이 문제에 대한 확실하고 유일한 해결책을 제시한답니다. 저 역시 성경에서 인생의 행복을 찾았어요. 그걸 당신과 이야기하고 싶어요. 행복의 문제를 해결하기 위해선 우선 '죄'에 대해서 알아야만 해요. 왜 뜬금없이 죄냐고요? 성경은 사람이 행복할 수 없는 이유가 죄이고, 이 죄를 해결하면 행복할 수 있다고 합니다. 도대체 죄가 뭐길래 우리를 행복하지 못하게 만든다는 걸까요? 당신도 행복에 대해 고민하고 있었다고요? 그러면 좀 더 진지하게 이 죄 문제를 살펴봅시다.

행복할 수 있었어!

우리, 한 가지만 확실하게 하고 갑시다. 사람이 진짜 행복할 수 있는 거 맞나요? 원래부터 행복할 수 없도록 만들어졌다면, 죄니 뭐니 또 알아볼 필요가 없잖아요. 어차피 안 될 거…. 그래서 먼저 사람에게 행복이 가능한지 살펴보려고 해요. 사람이 처음 창조되었을 때를 보면 되겠지요? 성경은 사람이 원래 행복할 수 있었을뿐더러 오히려 행복을 누릴 수밖에 없도록 창조되었다고 합니다. 사람의 창조 장면을 보세요.

하나님이 이르시되 우리의 형상을 따라 우리의 모양대로 우리가 사람을 만들고 그들로 바다의 물고기와 하늘의 새와 가축과 온 땅과 땅에 기는 모든 것을 다스리게 하자 하시고(창세기 1:26).

여호와 하나님이 땅의 흙으로 사람을 지으시고 생기를 그 코에 불어 넣으시니 사람이 생령이 되니라(창세기 2:7).

조건 없는 사랑

사람은 처음부터 '조건 없는 사랑'을 받고 있었어요! 아니 그 사랑을 위해 창조되었다고 하는 게 더 맞겠네요. 사람은 '하나님의 형상' 곧 '영'으로 창조되었기 때문입니다. 앞서 살핀 대로 하나님이 사람을 영으로 창조하신 것은 그분과 소통하고 교제하기 위함이었어요. 사람은 하나님의 서로를 향한 사랑의 결과로 창조되었어요. 즉, 처음부터 사랑받기 위한 존재로 만들어졌습니다.

그래서 "하나님은 너를 사랑해. 얼마나 너를 사랑하시는지. 너를 위해 저 별을 만들고, 세상을 만들"[3]었다고 노래한답니다. 또한 "당신은 사랑받기 위해 태어난 사람"[4]인 겁니다. 맞아요, 우리는 존재 자체로 사랑받는 사람이에요.

사랑받기 위해선 사랑스러운 무언가가 더 있어야 한다거나, 하나님께 무언가를 드려야 한다고 착각해선 안 됩니다. 사람은 하나님이 베푸시는 사랑을 그저 받기 위해 만들어졌다는 사실! 생각해 보면 이미 완전하신 하나님이 사람의 선물이나 능력이 필요하시겠어요? 하나님은 사람을 아무런 조건 없이 그저 사랑하시고, 사람은 그분과 함께 교제할 때 행복을 느끼는 존재로 만들어졌어요.

인생의 목적을 아는 것

하나님은 사람을 창조하실 때 우리에게 '존재의 목적'을 이미 주셨어요. 그것은 하나님이 창조하신 모든 세상을 다스리고 통치하는 것입니다. 다시 말해서 사람은 창조주의 '대리통치자'로 부름을 받았다는 거예요. 엄청난 권한이죠. 그런데 대리통치자는 자기 마음대로 다스리는 독재자가 아니에요. 왕이 허락한 권한으로 다스리되, 왕의 마음과 뜻을 헤아려 마치 왕이 직접 다스리는 것처럼 다스립니다. 그때 왕의 영광이 드러나고 우리의 만족은 채워집니다.

정리하자면, 사람은 하나님과 그분의 기뻐하시는 뜻을 알고 그것을 기쁨으로 누리고 선택하고 행동할 때 행복을 느낀다는 거예요. 가령 아무리 실내용 자전거가 옷걸이로 활용하기에 좋은 구조라고 해도, 그것이 만들어진 목적은 누군가의 건강과 멋들어진 허벅지 근육에 있다는 것입니다. 그런데도 실내용 자전거가 옷걸이로 살려고 한

다면 결코 그의 행복은 채워질 수 없을뿐더러 제작자를 슬프게 하는 일이 됩니다. "너 왜 그러고 사니…"

우리 역시 똑같아요. 사람에겐 창조주께서 주신 목적이 있어요. 그런데 그 목적을 상실한 채 다른 것에서 만족을 얻으며 살려고 한다면 그것은 우리를 행복하지 못하게 할 뿐더러 창조주를 슬프게 하는 일이 될 거예요. "너 왜 그러고 사니…"

우리는 창조주 하나님이 우리에게 부여하신 인생의 목적을 알고 그것을 추구하며 살 때 진짜 행복을 느낄 수 있답니다. 그런데 이 두 가지 행복의 조건은 결국 하나로 수렴되는데요. 바로 '하나님과의 관계'입니다. 하나님께 조건 없는 사랑을 받으며 교제하며 알아가는 것, 인생의 목적을 수행하기 위해 하나님의 마음과 뜻을 알아가는 것, 다시 말해서 사람은 하나님과 함께 있고 그분을 알아갈 때라야 진짜 행복할 수 있고, 행복할 수밖에 없는 존재라는 겁니다. 맞아요, 사람은 원래 행복할 수 있고, 행복한 존재였어요! 그러면 지금은 왜 행복하지 못할까요? 하나님을 잃고 단절되었기 때문입니다. 죄로 인해 하나님과 단절되어 그 사랑을 받지 못하고 하나님이 주신 목적도 알 수 없게 된 겁니다.

> 오직 너희 죄악이 너희와 너희 하나님 사이를 갈라 놓았고 너희 죄가 그의 얼굴을 가리어서 너희에게서 듣지 않으시게 함이니라(이사야 59:2).

그러니 이제 우리는 이런 결론을 도출할 수밖에 없는 겁니다. 죄를 해결하면, 그래서 하나님을 다시 찾으면 우리는 행복할 수 있어요. 자, 일어나 죄 잡으러 갑시다! 범죄 현장으로!

범죄 현장

지피지기면 백전불태라고 했어요. 죄를 해결하려면 죄와 자신을 파악하는 것이 우선입니다. 당신이 생각하기에 죄는 무엇인가요? 죄가 무엇이기에 하나님과 사람을 갈라놓았다고 할까요? 잠시 생각해 봅시다. 지금껏 당신이 알고 있던 죄의 개념을 정의해 보세요. 그리고 그 정의에 근거하여 당신이 죄인인지 아닌지도 판단해 보세요. 이후 죄에 대해 알아가며 느끼는 점이 분명히 있을 거예요.

"죄는 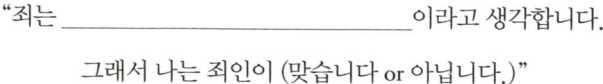이라고 생각합니다.
그래서 나는 죄인이 (맞습니다 or 아닙니다.)"

좋습니다. 이제 죄를 찾으러 범죄 현장으로 가봅시다!

현장 – 사람의 외면

범죄 현장이 어디일까요? 죄가 자주 출몰하는 곳에 잠복하면 꼬리를 밟을 수 있을 겁니다. 그곳은 바로 '행동'이에요! 보편적으로 우리는 '죄'란, 규범으로 인정하는 법칙에 어긋나는 '행동'이라고 이해합니다. 예를 들어, 도둑질이나 무단횡단 같은 규범을 벗어난 행동을 죄라고 규정하지요. 같은 맥락에서 기독교에서 이야기하는 '죄'도 왕이신 하나님이 정하신 법을 어기는 것으로 이해할 수 있어요.

맞아요. 하나님의 말씀을 어기는 것, 하나님이 싫어하시는 행동을 하는 것을 죄라고 합니다. 성경에도 하나님이 싫어하시는 행동들의 리스트가 있답니다.

> 또한 그들이 마음에 하나님 두기를 싫어하매 하나님께서 그들을 그 상실한 마음대로 내버려 두사 합당하지 못한 일을 하게 하셨으니 곧

모든 불의, 추악, 탐욕, 악의가 가득한 자요 시기, 살인, 분쟁, 사기, 악독이 가득한 자요 수군수군하는 자요 비방하는 자요 하나님께서 미워하시는 자요 능욕하는 자요 교만한 자요 자랑하는 자요 악을 도모하는 자요 부모를 거역하는 자요 우매한 자요 배약하는 자요 무정한 자요 무자비한 자라(로마서 1:28 - 31).

 어떤가요? 당신의 행동 중에도 이와 같은 죄가 있나요? 펜을 들어 당신에게 해당하는 죄에 동그라미로 표시해 봅시다. 당신의 삶에서 이런 행동이 발견된다면 '아! 내가 죄를 범한 죄인이구나! 그래서 하나님과 나의 관계가 틀어졌구나!'라고 알 수 있겠지요? 혹 놀랍게도 대단한 윤리 의식을 가지고 법 없이도 살 수 있는 착한 당신은 "저는 여기에 해당하는 것이 하나도 없군요. 후후"라고 할지도 모르겠어요. 그렇다면 진심으로 칭찬하고 존경해요. 하지만 그렇다고 할지라도 '혐의 없음'으로 넘어가기엔 마음에 걸리는 표현이 남아 있어요.

 "그들이 **마음에** 하나님 두기를 싫어하매 하나님께서 그들을 그 상실한 마음대로 내버려 두사 합당하지 못한 일을 하게 하셨으니"라는 대목입니다. 나열된 행동들은 죄의 '결과' 또는 '증상'이라는 말이에요. 하나님을 마음에 두기 싫어하는 사람들을 내버려 두심으로 이런 행동들이 드러났다는 거예요. 그래서 우리는 '죄'가 무엇인지 한 발짝 더 들어가 보아야 해요. 만약 죄를 단순히 규범을 벗어난 **행동**이라고 규정한다면, 죄의 해결은 표면에 드러난 불순종을 없애는 걸로 만족하게 될 거예요. 하지만 근본적인 문제를 해결하지 않으면 죄의 증상은 계속 표면으로 드러날 것이 분명합니다.

예컨대 감기와 같은 잔병치레가 잦은 아이에게 그때마다 각종 항생제와 해열제를 처방받아 드러난 증상만 없앤다면, 그 아이는 잔병치레를 계속할 수밖에 없어요. 잔병치레는 결국 약한 면역력의 문제이니, 면역력이 강해지도록 충분한 수면, 운동, 건강한 식단과 생활 습관을 고루 마련해 주는 것이 무엇보다 근본적인 해결책입니다. 죄도 이와 같아요. 죄가 '마음'과 관련이 있는 근본적인 문제라면 그 근본 원인을 파악해야 해결의 실마리를 얻을 수 있어요.

범죄의 재구성

해결의 실마리는 늘 최초의 사건 현장에 있는 법이죠! 그 현장은

창세기 2장에 등장합니다. 명탐정과 함께 단서를 찾아봅시다. 어서 따라오세요!

여호와 하나님이 그 땅에서 보기에 아름답고 먹기에 좋은 나무가 나게 하시니 동산 가운데에는 생명나무와 선악을 알게 하는 나무도 있더라 … 여호와 하나님이 그 사람에게 명하여 이르시되 동산 각종 나무의 열매는 네가 임의로 먹되 선악을 알게 하는 나무의 열매는 먹지 말라 네가 먹는 날에는 반드시 죽으리라 하시니라 (창세기 2:9, 16-17).

이곳이 그 유명한 사건의 현장입니다. 선악과가 대체 무엇이기에 하나님이 먹지 말라고 하신 걸까요? 과일서리 좀 했다고 사람이 죽어야 하는 걸까요? 왜 굳이 위험한 과일을 만드셔서 죄의 가능성을 열어 놓으신 걸까요? 여러 가지 질문들이 떠오릅니다. 좋아요, 문제의 해결은 늘 질문에서 시작되는 거니까요. 이 질문들의 답을 찾아가다 보면 죄가 무엇인지 선명하게 드러날 거예요. 몇 가지 단서를 찾아 놓았어요. 함께 살펴봅시다.

단서 1_ 나무의 위치
선악과는 생명나무와 함께 에덴동산의 '한 가운데'에 있었어요. 한 가운데 심었다라… 이 위치는 의도를 가지고서 심었다고 생각할 수밖에 없군요. 지정학적으로 '한 가운데'는 중요한 의미가 있어요.

그래요! 어디서든 잘 보이라고, 늘 발견되라고 한 가운데 심으신 겁니다. 마치 교실 안의 급훈처럼 말이에요! 이 나무를 통해 무언가를 알려 주고 싶으셨고, 떠올리기를 바라셨던 겁니다.

단서 2_ 나무에 대한 명령

하나님은 사람에게 이 나무에 대한 '명령'을 내리셨어요. "이 나무의 열매를 먹지 말라"라고 말이죠. 그래서 동산 한 가운데 있는 나무를 볼 때마다 명령하신 하나님이 떠오르는 겁니다.

명령이라는 소통 방식은 말하는 자와 듣는 자 사이의 지위에 차이가 있음을 드러냅니다. 상명하복(上命下服)이라고 하잖아요. 명령하는 자가 위에 있고, 듣는 자는 아래에 있어요. 즉, 하나님은 '명령'이라는 방식으로 사람과 선을 그으신 겁니다.

'선'은 서로의 관계 유지를 위해 아주 중요한 암묵적인 약속이에요. 둘의 관계가 아름답게 유지되려면 그들 사이에 그어진 선을 넘으면 안 됩니다. 예를 들어 아무리 친한 사이라도 상대 부모를 조롱의 대상으로 삼으면 안 됩니다. 누군가 이 선을 넘었다? 그때는 용납하기 어려운 거예요. 이처럼 하나님은 사람과의 관계에서 "나는 창조주이고, 너는 피조물이야"라고 하며 선을 그으신 겁니다.

꼭 이런 방법으로 관계를 정리하셔야 했냐고요? 좀 부드럽게 설명해 주셔도 되는데 말이죠? 에이… 우리는 경험적으로 잘 알잖아요. 친해지면 '그래도 된다'라고 하며 은근히 선을 넘으려고 한다는 거. 그래서 가수 아이유도 반복해서 외쳤던 걸까요? "너 Yellow C.A.R.D. 그 선 넘으면 침범이야! 뻭!"[5]

자꾸 상기시켜 줘야 아름다운 관계가 유지되는 법이에요. 마찬가지로 사람이 '대리통치자'로서 하나님의 권세를 사용하다 보면 어느 순간부터 '대리'를 떼고 '통치자'가 되고 싶어지지 않겠어요? 결국 그 선을 넘으면 하나님과의 관계가 깨져 버립니다.

그래서 하나님은 이 선을 가장 잘 보이는 곳에 그어 두신 거예요. 사람은 어디서든 동산 중앙의 '선악과 나무'를 보며 하나님과 사람의 위치를 재확인했고, '생명나무'를 보며 생명과 행복은 하나님으로부터 나옴을 알았어요. 이건 하나님을 위한 것이 아니라 사람을 위함이

에요. 이 선이 있음으로 하나님과의 관계를 지속할 수 있고 그래야 사람은 행복할 수 있으니까요. 즉, 선악과를 주신 것은 사람을 괴롭히고 위험에 빠뜨리기 위해서가 아니라 행복을 지켜 주시려는 하나님의 배려였던 겁니다. 아… 다정하신 분….

단서 3_ 나무의 이름

그런데 왜 하필 그 선을 나무의 열매를 먹지 않는 것으로 그으신 걸까요? 이 질문은 의외로 수월하게 해결됩니다. 바로 나무의 이름이 단서입니다. 종종 선악과라고 줄여서 불리는 이 나무의 정식 명칭은 '선악을 알게 하는 나무'입니다. 그런데 이 번역은 자칫 '열매를 먹으면 선과 악을 알게 되는 능력이 생긴다'라는 오해를 불러일으키기 쉬워요.

성경에 기록된 원래 언어를 직역해 보면, 이 나무의 이름은 '선과 악의 지식의 나무 열매'(the fruit of the tree of the knowledge of good and evil)입니다. 이 나무는 선과 악의 지식이 어디에서부터 오는지를 가리키는 사인인 겁니다. 그 사인은 바로 하나님이지요. 잘 보세요. '선'이라고 번역된 '토브'(טוֹב)라는 단어는 영어로는 'good'입니다. 그런데 토브라는 단어는 세상이 시작되는 그때, 이미 여러 차례 반복해서 쓰인 적이 있어요. 바로 창조주 하나님의 말씀에서요!

하나님이 이르시되 빛이 있으라 하시니 빛이 있었고 빛이 하나님이 보시기에 좋았더라 하나님이 빛과 어둠을 나누사(창세기 1:3-4).

하나님이 창조하신 대상을 보며 말씀하셨던 "좋았더라"가 바로 '토브'입니다. 그러면 선과 악을 정하는 기준은 누구에게 있나요? 맞아요, 모든 것을 창조한 주인이신 하나님입니다. 그러니 이 나무는 바로 '창조하셔서 주인이시기에 선과 악의 기준이 되시는 하나님'을 떠오르게 하는 나무였다는 겁니다.

이 명령을 깨고 '선과 악의 지식'을 먹는다는 건 "나는 이제 당신을 왕으로 인정 못 합니다. 앞으론 내가 선과 악을 결정하는 왕이 될 테니까!"라고 의지를 표명하는 겁니다. 하나님의 대적자 사탄이 뱀의 모습으로 사람을 유혹할 때 "야! 너두, 하나님처럼 될 수 있어! 대리 통치자가 아니라 통치자가 되는 거야!"라고 속삭인 것도 같은 이유입니다.

너희가 그것을 먹는 날에는 너희 눈이 밝아져 하나님과 같이 되어 선악을 알 줄 하나님이 아심이니라(창세기 3:5).

사람이 뱀의 말을 듣고 보니 이전과는 달리 열매가 너무나 탐스러워 보였어요. 정확히는 과일이 아니라 왕이 되는 것이 탐스러웠던 거예요. 선을 넘고 왕이 되어 내 뜻대로 모든 것을 결정하면 더 행복해질 거란 생각이 들었어요. 결국 사람은 창조주 하나님을 흉내 내며 스스로 선악을 결정하는 왕임을 선포했어요. 선악과를 먹음으로 그렇게 하나님이 그어 놓으신 선을 넘어버렸어요. 이때부터였어요. 하나님과 사람 사이가 갈라져 버린 것이…

종합적 판단

답 나왔습니다! 모든 단서를 종합해 파악한 죄의 본질은 바로 '창조주 하나님의 왕 되심을 거부하고 스스로 왕이 되어 마음대로 하려는 태도'였어요. 다시 말해서, 하나님이 왕이시기에 마땅히 '하나님 중심성'으로 살아야 하는데 '자기 중심성'으로 살려는 마음의 태도! 이것이 바로 성경이 말하는 죄의 본질입니다.

'죄'를 의미하는 영어 단어 'SIN'의 중심이 '나'를 뜻하는 'I'라는 게 괜히 의미심장하지 않나요? 결국 죄인은 하나님 중심이 아니라 자기 중심으로 사는 사람을 가리킵니다. 성경이 바라보는 죄인은 모두 자기 중심성을 갖고 있답니다. 자기가 왕이라고 하며 자기가 결정하는 대로 사는 겁니다. 자기 소견에 옳은 대로 말이지요.

그때에는 이스라엘에 왕이 없었으므로 사람마다 자기 소견에 옳은 대로 행하였더라(사사기 17:6).

현장 – 사람의 내면

죄가 마음의 문제라면, 우리 자신을 볼 때 '겉'만 봐서는 안 됩니다. 우리의 범죄 현장은 외면만이 아니라 본질적으로는 내면에 있습니다. 우리 마음의 중심이 어디를 향하는지 그 마음의 태도를 살펴야 합니다. 즉, 이 말은 겉으로는 아무런 문제가 없더라도 그는 죄인일 수 있다는 뜻이에요. 이것을 좀 더 이해하기 쉽도록 그림을 통해서 설명해 볼게요.

① 그림 속 나무가 무슨 나무일까요? 예, 맞아요. 사과나무예요! 어떻게 알았어요? 맺힌 열매를 보고 알았지요.

② 그렇다면 이 나무는 무슨 나무일까요? 사실 그림만 봐서는 정확하게 알 수는 없어요. 열매가 안 보이기 때문이죠. 그래도 전문가들은 잎사귀 모양을 통해 알 수도 있겠지요. 어쨌든 이 나무는 무슨 나무일까요? 예, 사과나무예요. 사과 열매가 없다고 해서 사과나무가 아닌 건 아니니까요.

③ 그러면 겨울이 되어 잎사귀가 다 떨어진 앙상한 가지의 이 나무는 무슨 나무일까요? 와, 정말 알기 어려워요. 저는 잘 모르겠어요. 그럼에도 이 나무는 여전히 사과나무입니다.

④ 이제 마지막으로, 아래의 나무는 무슨 나무일까요? 아이참, 아낌없이 주는 나무 아니고요. 밑동밖에 남지 않은 이 나무가 무슨 나무인지 알 수 있는 사람은 정말로 없을 거예요. 겉으로 드러난 게 아무것도 없잖아요. 그러나 이 나무가 사과나무라는 사실이 변하지는 않아요.

죄인 역시 이와 같아요. 겉으로 드러나는 것이 아무것도 없더라도 사과나무인 것처럼, 겉으로 드러나는 죄 된 행동이 없더라도 그 역시 죄인이라는 본질이 달라지지는 않아요.

그들 역시 자기 중심성을 갖고 있기 때문이에요. 어떻게 이런 일이 일어나는 것일까요? 바로 '원죄'(original Sin) 때문입니다. 어디선가 들어본 적이 있지요? 그런데 많은 사람이 원죄를 오해합니다. 원죄를 '최초의 죄 된 행동' 곧 아담과 하와가 지은 죄라고 알고 있거든요. 엄밀히 말해서 원죄는 그런 게 아니랍니다.

원죄는 '마음에 자기 중심성이 자리 잡은 상태'를 가리키는 말이에요. 탁월한 신학자인 R.C 스프로울은 원죄에 대해 다음과 같이 설명했어요.

원죄는 최초의 죄가 아니다. 특별히 아담과 하와의 죄를 가리키는 말이 아니다. 원죄란 아담과 하와가 범한 죄의 '결과'를 가리킨다. 원죄란 최초의 죄에 대하여 하나님이 내리신 형벌이다. 아담과 하와가 범죄하였다. 이것은 최초의 죄이다. 아담과 하와가 범죄한 죄의 결과, 인간성은 도덕적 파멸의 구덩이에 빠졌다. 인간 본성의 바탕에는 도덕적 타락이 흐르고 있다. 최초의 범죄 이후에 우리의 모든 것이 변했다. 인류는 부패해졌다. 이처럼 최초의 범죄 때문에 생긴 부패를 교회는 '원죄'라고 부른다.

원죄는 어떤 특정한 죄의 행위가 아니다. 그것은 죄의 상태다. 원죄란 구체적인 죄악 행위가 흘러나오는 죄의 본성을 가리킨다. 우리의 본성이 죄를 범하게 되어 있기 때문에 죄를 짓는 것이다. 죄를 범하는 것은 인간의 원래 본성이 아니었으나 타락한 후에 인간의 도덕적 본성이 변했다. 이제 원죄로 말미암아 우리는 타락하고 부패한 본성을 지니게 되었다. 성경에 밝히고 있듯이 타락한 인간은 죄 가운데 태어난다. 인간은 죄 '아래' 있다. 본질적으로 우리는 진노의 자녀들이다. 우리는 죄 없는 상태로 태어나지 않는다. 다시 말해 도덕적 무능력이 원죄의 본질이다.[61]

첫 사람의 범죄 이후 죄가 들어왔고 인간의 마음은 오염되었어요. 무의식보다 더 깊은, 생각의 원천이 오염된 것입니다. 그리고 그들에게서 태어난 모든 사람 역시 예외 없이 원죄를 가지고 있어요.

내가 죄악 중에서 출생하였음이여 어머니가 죄 중에서 나를 잉태하였나이다(시편 51:5).

그러므로 한 사람으로 말미암아 죄가 세상에 들어오고 죄로 말미암아 사망이 들어왔나니 이와 같이 모든 사람이 죄를 지었으므로(로마서 5:12).

고등학교 교과서에서 기독교의 인간관을 '성악설'이라고 하는 이유가 여기에 있어요. 사람은 마음의 원천이 오염된 것이 틀림없어요. 제게는 잊을 수 없는 경험이 있답니다.

오래된 복도식 아파트에 살 때의 일인데요. 많은 주민이 복도 난간에 세탁한 이불을 널어 일광소독을 하고 있었어요. 깨끗한 이불이 일렬로 널린 장면은 참 장관입니다. 그런데 그 순간 제 머릿속에 불현듯 이런 생각이 들었어요. '음… 침 한번 뱉어 볼까?' 세상에! 착한 청년이던 제가! 어떻게 그런 악한 생각을 할 수 있단 말인가요?! 이 생각은 어디서 온 걸까요?

한번 생각해 봅시다. 우리가 거짓말을 하고 싶어서 할까요? 물론 거짓말을 해야겠다는 의지가 있을 수 있어요. 그렇다면 그 의지는 어디서 왔을까요? 그 의지를 떠오르게 하겠다고 노력했나요? 그렇지 않지요. 그건 그냥 그렇게 되는 거예요. 누군가를 미워한다고 했을 때 "나! 결심했어! 오늘부터 저 인간 미워할 거야!"라고 하나요?

아니죠. 미움은 어느 순간 내 안에 자리 잡은 감정이고, 그 감정 때문에 괴롭히겠다는 의지가 생기고, 실제 행동으로 나타납니다.

그 최초 생각의 근원이 어디인가요? 우리는 모릅니다. 그런데 성경은 말합니다. 우리 속에, 저 깊은 곳에, 우리가 손 닿을 수 없는 근원적인 영역이 오염되었다는 것입니다. 마치 물탱크가 오염되면 수도꼭지에서 나오는 물이 다 오염수인 것처럼 말입니다. 수도꼭지나 수도관을 청소하면 문제가 해결될까요?

본질상 죄인이라는 말은 우리의 영혼이 오염되어서, 영혼에서 비롯되는 생각도, 생각에서 비롯되는 의지도, 의지로 인한 행동도 다 오염되었다는 말입니다. 우리 역시 겉으로 보이지 않더라도 다 똑같은 상태일 것이고요. 단 한 명의 예외도 없이 말이에요. 그래서 예수님은 "겉으로 드러나지 않는 마음 역시 '죄'다!"라고 선언하셨답니다.

또 간음하지 말라 하였다는 것을 너희가 들었으나 나는 너희에게 이르노니 음욕을 품고 여자를 보는 자마다 마음에 이미 간음하였느니라(마태복음 5:27).

그렇다면, 당신은 여기에서 열외일 수 있을까요? "나는 상관없어"라고 말할 수 있을까요? 이제 우리는 인정할 수밖에 없어요. "아… 나 역시 죄인이구나… 내 안에도 원죄가 있구나. 나 역시 하나님이 계심에도 나 스스로 주인이 되어 살아왔구나…." 맞아요. 모든 사람은 하나님 앞에서 죄인이랍니다.

모든 사람이 죄를 범하였으매 하나님의 영광에 이르지 못하더니(로마서 3:23).

사형 선고

그렇다면 이제 중요한 것은 '죄인은 어떻게 될 것인가'에 대한 부분입니다. 하나님은 사람이 선악과를 따먹음으로 선을 넘으면, 그 결과가 어떻게 될 것인지 이미 경고하셨어요.

> 선악을 알게 하는 나무의 열매는 먹지 말라 네가 먹는 날에는 반드시 죽으리라 하시니라(창세기 2:17).

"반드시 죽으리라!"라고 형량을 정하셨고, 그래서 죄인들은 하나님께 사형 선고를 받은 사형수가 되었습니다. 여전히 '형벌이 너무 과하다'라고 생각할 사람은 없겠지요? 선악과를 따먹은 것은 지나가다가 맛있어 보이는 과일을 서리한 정도가 아닙니다. 선악과를 따먹은 것은 하나님이 왕이심을 인정하지 않을 뿐만 아니라 스스로 왕이라고 주장한 반역입니다. 그렇다면 '사형'이라는 형량은 전혀 과한 것이 아닙니다. 오히려 부족하다고 여겨질 정도예요. 이런 일이 16세기 절대왕정 시대에 일어난다면 어떻게 될까요? 왕 앞에 나아가 "당신은 왕의 자격이 없소! 이제부터는 내가 왕이 될 것이오!"라고 한다면, 당장에 '댕강' 목이 달아나고 말 거예요. 한 나라의 왕에게 반역한 대가가 이 정도인데, 온 세상 아니 온 우주를 다스리시는 창조주라면 어떻겠어요? 이건 절대로 그냥 넘어갈 수 없는 엄청난 죄가 됩니다.

하나님께 반역한 자마다 원죄를 가지고 있어요. 첫 사람 아담 이래로 모든 사람은 원죄의 상태로 태어나 스스로 왕이 되어, 왕 행세를 하며 살아갑니다. 그래서 모든 사람은 '사형 선고'를 받은 '진노의 자녀'가 되었어요. "저는 몰랐어요! 몰랐는데, 다들 그렇게 살아서 나도 그랬어요!"라며 넘어갈 문제가 아닙니다. 세상의 법에서도 아무리 우발적인 사고라도 살인은 형벌을 면할 수 없어요. 하지만 우리는 하나님을 몰랐다고 말할 수가 없어요. 그 누구도 하나님이 계신다는 것을 알지 못하거나 부정할 수 없기 때문이에요.

하나님의 진노가 불의로 진리를 막는 사람들의 모든 경건하지 않음과 불의에 대하여 하늘로부터 나타나나니 이는 하나님을 알 만한 것이 그들 속에 보임이라 하나님께서 이를 그들에게 보이셨느니라 창세로부터 그의 보이지 아니하는 것들 곧 그의 영원하신 능력과 신성이 그가 만드신 만물에 분명히 보여 알려졌나니 그러므로 그들이 핑계하지 못할지니라(로마서 1:18 - 20).

그래서 모든 사람에게는 사형이 선고되었어요. 저와 당신도 마찬가지랍니다. 이제 우리에게 일어난 사형 선고와 집행에 대해서 살펴봅시다.

육신의 죽음

사형 선고를 받은 사람은 죽습니다. 죽음이 언제 죄인을 찾아올지는 알 수 없지만, 그는 필연적으로 죽게 됩니다. 날마다 점점 더 죽음에 가까워지고 있지요. 저 역시 거울을 볼 때마다 다가오는 죽음을 느끼고 있어요. 어느덧 흰머리도 많이 생기고 노안도 왔답니다. 왜 육신은 노쇠해지는 것일까요? 성경은 하나님 앞에서 쫓겨나 생명나무로 나아가는 길이 막혔기 때문이라고 설명합니다.

이같이 하나님이 그 사람을 쫓아내시고 에덴 동산 동쪽에 그룹들과 두루 도는 불 칼을 두어 생명 나무의 길을 지키게 하시니라(창세기 3:24).

즉, 이 말은 생명의 주인이신 하나님에게서 끊어졌기에, 그분으로

부터 오는 생명을 공급받지 못한다는 것입니다. 사람은 마치 꽃다발 같아요. 지금 막 만들어진 꽃다발은 황홀하리만큼 화사하고 향기롭지요. 하지만 모든 사람은 다 알고 있어요. 그 화사함과 향기로움은 곧 시들고 악취가 나리라는 것을요. 생명을 공급하는 땅으로부터 분리되었기 때문이에요. 혹자는 물을 머금은 오아시스 블록에 줄기의 단면을 꽂으면 괜찮다고 할지도 모르겠어요. 하지만 그조차도 시간을 좀 더 늦출 뿐, 결국 꽃이 시든다는 사실은 달라지지 않아요.

이처럼 죄로 인하여 하나님이라는 땅에서 뿌리 뽑힌 사람의 아름다움은 곧 사라질 뿐만 아니라 죽음에 이릅니다. 죄로 인하여 저와 당신은 예외 없이 죽음을 맞게 됩니다.

영의 죽음

그런데 죽음은 단지 '육신'에만 있는 게 아닙니다. 사람의 존재는 '육신' 뿐만이 아니라 '영'도 있기 때문이에요. 하나님이 사람을 창조하실 때 흙으로 만드시고 코에 하나님의 영, 생기를 불어넣으셨지요. 그래서 사람은 '살아 있는 (물리적인) 영, 곧 생령'이 되었어요. 둘은 따로 분리된 것이 아니라 하나이기에, 죄인에게 선고된 사형은 영도 포함이 되는 겁니다.

사람의 영이 죽으면 어떻게 될까요? 그는 하나님을 발견할 수도, 하나님을 인식할 수도 없게 됩니다. 하나님이 사람을 영으로 창조하신 이유를 떠올려 봅시다. 하나님이 사람을 영으로 창조하신 이유는 사람과 소통하고 교제하며 사랑하시기 위함이었어요. 사람은 이 영으로 인하여 영이신 하나님을 인식하고 그분과 소통할 수 있었어요. 그런데 영이 죽으면서 하나님을 인식하지도, 교제할 수도 없게 단절된 것입니다.

충치가 고통스러운 것은 치아 안에 신경이 있기 때문입니다. 그런데 치과에서 치료를 받아 신경을 제거하면 그 치아는 아무것도 느낄 수 없지요. 설령 그 치아가 충치로 썩어들어가도 말입니다. 이처럼 영이 죽으면 생명과 사랑과 목적을 주신 하나님을 인식하지 못합니다. 선과 악의 기준인 하나님을 잃으니, 죄에 대한 감각도 사라져 무엇이 죄인지 깨닫지도 못합니다. 결국 영문도 모른 채 행복할 수 없

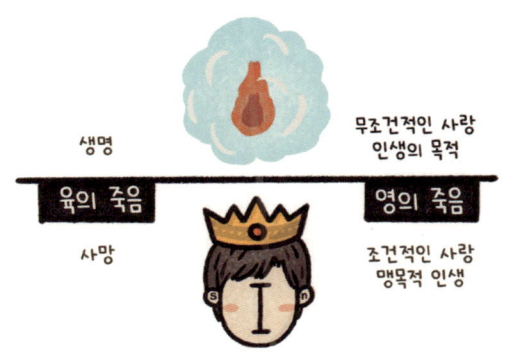

음에 한탄하게 되고, 끝없는 공허함과 불안함으로 살아가게 됩니다. 아담과 하와가 범죄 후 곧 시들어 버릴 무화과 나뭇잎으로 그들을 가렸던 것처럼, 결코 자기를 온전히 덮을 수 없는 것을 끊임없이 추구하고 또 추구하며 살아가는 존재로 전락해 버린 거예요. 이것이 바로 죄로 인하여 영이 죽은 결과입니다.

영원한 죽음

"몸의 죽음이요? 어차피 모든 사람은 죽는 거고, 다들 나이 들며 노쇠해지는 거잖아요. 영의 죽음이요? 지금까지 추구하며 살았던 삶도 나쁘지는 않았어요. 그냥 이대로 살다가 갈래요. 한 번 사는 인생! 하고 싶은 대로 살다 가렵니다"라고 반응하는 사람도 분명 있을 거라 생각해요. 하지만 아직 하나님이 내리신 사형 선고는 끝나지 않았어요. 육신의 죽음과 영의 죽음이 이 땅을 살아가는 우리에게 임한 죄의 결과요 형벌이라면, 공의로운 재판장이신 하나님의 최종 심판은 아직 열리지 않았어요. 그 심판은 하나님이 정하신 마지막 때에 불시에 열리게 됩니다.

한 번 죽는 것은 사람에게 정해진 것이요 그 후에는 심판이 있으리니 (히브리서 9:27).

그때 모든 사람이 알게 될 거예요. '아, 죽는다고 끝이 아니었구나…' 이 법정에는 모든 사람이 다 출석해야 합니다. 그 심판이 열릴 때, 살아 있는 사람뿐만 아니라 이미 죽었던 모든 사람이 피고석에 서게 될 거예요. 죽으면 사람의 존재가 사라지는 것이 아니에요. 심판의 날에 다 살아나 하나님의 법정에 나와야 합니다.

선한 일을 행한 자는 생명의 부활로, 악한 일을 행한 자는 심판의 부활로 나오리라(요한복음 5:29).

이미 죽은 자들은 각자 영적인 세계에서 이 심판을 기다리고 있어요. 죄의 문제를 해결한 사람은 '낙원'에서 기쁨으로 이 재판을 기다릴 것입니다. 반면 죄의 문제를 해결하지 못한 이들은 '지옥'에서 무서워서 떨며 이날을 기다릴 거예요.

예수께서 이르시되 내가 진실로 네게 이르노니 오늘 네가 나와 함께 낙원에 있으리라 하시니라(누가복음 23:43).

오직 무서운 마음으로 심판을 기다리는 것과 대적하는 자를 태울 맹렬한 불만 있으리라(히브리서 10:27).

그리고 그때에 이르면 하나님의 엄정한 재판이 시작될 것입니다.

땅의 티끌 가운데서 자는 자 중에서 많은 사람이 깨어나 영생을 받는 자도 있겠고 수치를 당하여서 영원히 부끄러움을 당할 자도 있을 것이며(다니엘 12:2).

주어진 삶의 시간 동안 의롭게 산 사람들은 하나님과 영원히 함께 하는 나라에서 안식과 기쁨을 누릴 거예요. 반면 죄 된 마음으로 하나님을 반역하던 사람들은 하나님이 계시지 않는 지옥에서 영원토록 형벌과 고통을 당할 거예요(누가복음 16:19-31, 요한계시록 21:1-8 참조). 여기서 '영원히'라는 단어에 주목해야 해요. '죽으면 끝난다'라는 말은 사실이 아닙니다. 죽음 이후에 영원한 시작이 있어요. 이미 죽은 자들 역시 하나님의 최종 심판이 기다리고 있어요. 마지막 날에는 산 자뿐만 아니라 죽은 자도 하나님 앞에서 심판을 받습니다. 이것이 죄인들에게 선고된 형량, 곧 영원한 죽음입니다.

그래서 우리의 최우선 순위 과제는 죄의 해결입니다. 하지만 여기엔 몇 가지 심각한 어려움이 있어요. 가장 먼저는, 하나님이 심판하시는 기준은 우리가 이 땅에서 얼마나 착하게 살았는지와 그다지 상관이 없다는 거예요. 설령 우리가 아무리 착하게 살았다 할지라도, 그 모든 생각과 행동의 원천인 마음 깊은 곳이 죄로 오염되어 있다면 그는 하나님께 반역한 죄인입니다. 이 원죄를 해결하지 못하면 그는 반드시 영원한 죽음의 심판을 받게 됩니다. 그러니 원죄를 해결해야 합니다! 하지만 원죄는 우리 손이 닿을 수 없는, 우리 마음의 가장 깊은 자리의 오염으로 우리가 손 쓸 수 없다는 것이 문제입니다.

두 번째로, 우리에겐 시간이 별로 없다는 사실입니다. 그나마 죄의 문제를 깨달아 해결하려고 액션을 취할 수 있는 때는 우리의 생명이 있는 동안입니다(베드로후서 3:9-14 참조). 그런데 여기에도 문제가 있어요. 우리의 생명이 언제까지인지 장담할 수가 없다는 것이지요. 당장에 오늘 길을 걷다가 사고로 죽을 수도 있어요. 하나님은 마지막 심판의 날이 도둑처럼 예고 없이 갑작스럽게 닥칠 거라고 말씀하셨어요. 그러니 우리는 이 문제를 결코 미뤄 둘 수 없어요.

세 번째는, 많은 사람의 영이 죽어 있기에 자기가 어떤 상태인지 파악하지 못해요. 그래서 하나님이 필요 없다고 하며 여전히 행복하지 않은 세상에서 곧 사라질 행복을 추구하며 허무한 삶을 살아갑니다. 현재의 괴로움도 당연하게 여기며, 앞으로 다가올 영원한 심판도 모른 채 그냥 살아가지요.

> 홍수 전에 노아가 방주에 들어가던 날까지 사람들이 먹고 마시고 장가들고 시집가고 있으면서 홍수가 나서 그들을 다 멸하기까지 깨닫지 못하였으니 인자의 임함도 이와 같으리라(마태복음 24:38 - 39).

복음을 들어야 하는 이유가 바로 이 때문입니다. 지금 그러고 있을 때가 아니니 제발 여기에 귀를 기울이라고, 눈을 뜨라고 외치는 것입니다. 당신도 결코 여기서 열외일 수 없어요. 이 죄의 문제를 과연 어떻게 해결할 겁니까?

질문이 배송되었습니다

1. 행복을 추구하는 것이 오히려 우리를 불행하게 만들기도 합니다. 지금껏 행복하기 위해 선택했던 삶의 방식은 무엇이었나요? 얼마나 만족했나요?

2. 참된 행복은 _____과 _____이라는 궁극적인 결핍을 채울 때라야 비로소 얻을 수 있습니다. 성경은 이것을 _____ 안에서만 찾을 수 있다고 가르칩니다.

3. 사람이 하나님과 단절되어 함께할 수 없게 된 것은 _____ 때문입니다. _____는 단지 행위가 아니라 _____을 버리고, _____으로 살아가는 것입니다. 이것을 _____라고 부릅니다. 이를 근거로 당신은 스스로를 어떻게 인식하나요? 당신은 하나님 앞에서 죄인인가요?

4. 죄의 결과는 _____입니다. 이것은 _____의 죽음과 _____의 죽음, 그리고 하나님의 때에 임할 _____을 의미합니다.

5. 심판 이후 의로운 자에게는 _____과 함께하는 영원한 기쁨과 안식이 있는 _____과 _____과 함께할 수 없어 영원한 고통과 괴로움이 있는 _____이 있습니다.

6. 심각한 문제는 사람이 _____를 해결할 수 없고, 그렇다는 사실을 인식할 수도 없는 상태라는 것입니다. 그뿐만 아니라 하나님의 심판은 도적같이 찾아올 것입니다. 우리는 우리에게 주어진 시간 동안 죄를 반드시 해결해야 합니다. 이 일을 위해 당신이 할 수 있는 일이 있나요?

7. 2부 〈죄〉를 읽으며 당신이 적어두었던 "죄는 _____이다"는 어떻게 바뀌었나요? 새롭게 알게 된 죄에 대해 당신의 생각을 써 주세요. 이후 하나님께 솔직한 마음을 올려 드리며 기도로 마무리합니다.

• Before

• After

> 답 2. 무조건적인 사랑, 삶의 목적, 하나님 3. 죄, 죄, 하나님 중심성, 자기 중심성, 원죄 4. 죽음, 육, 영, 영원한 죽음(심판) 5. 하나님, 천국, 하나님, 지옥 6. 죄

믿는 것과 아는 일에 하나 되는 기도

"생명의 근원이신 하나님, 사람이 행복하지 못한 까닭은 하나님 안에서 살아가도록 창조되었음에도 자기 중심성으로 하나님을 떠난 결과라는 사실을 깨달았습니다. 그리고 저 역시 겉으로 드러나지 않았다 하더라도 예외 없이 죄인이었습니다. 죄인에게는 몸과 영의 죽음뿐만 아니라 영원한 하나님의 심판이 기다리고 있다는 것을 알았습니다. 이 문제를 해결할 수 있도록 하나님 도와주세요. 예수님의 이름으로 기도합니다. 아멘."

단 하나의 해결책
상상도 못 한 정체
상상도 못 한 방법
당신에게 온 해결책

3부

예수님

The Solution

1 단 하나의 해결책

"아아! 나는 어떡해야 할까? 누가 나를 여기서 구해줘!"

지난 장을 진지하게 읽은 당신이라면, 그래서 당신 안의 죄를 자각하고 그 죄를 해결할 방법이 없다는 사실도 깨달았다면, 당신은 분명 『천로역정』[7] 주인공의 첫 대사[8]처럼 절망할 수밖에 없을 거예요. 죄의 해결이 무엇보다 시급합니다. 그날이 도적 같이 오고 있어요. 그러나 아무리 고민해 보아도 '아! 이건 내가 도무지 해결할 수 없구나!'라는 사실만 재확인하고 망연자실할 수밖에 없습니다.

그런데 우리가 아무것도 할 수 없는 그때, 놀랍게도 하나님 편에서 이 문제의 해결책을 마련해 주셨어요! 자기를 반역하여 떠난 전혀 사랑스럽지 않은 사람들을 향한 하나님의 사랑은 여전히 멈추지 않으셨던 것입니다. 하나님이 마련하신 단 하나의 해결책, 바로 '예수님'이 이번 장에서 우리가 살펴볼 주제입니다.

예수께서 이르시되 내가 곧 길이요 진리요 생명이니 나로 말미암지 않고는 아버지께로 올 자가 없느니라(요한복음 14:6).

혹시 예수님에 대해 처음 듣는 것은 아니지요? 아무렴 그럴 리가 없지요. 예수님의 탄생을 기념하는 크리스마스가 공휴일로 지정되어 있는데요. 비록 당사자가 아니라 자기 연인에게 선물을 준다 해도, 주인공이 빠진 생일파티를 즐긴다고 해도, 크리스마스가 누구 생일인지는 다 알잖아요? 그래서 사람들은 대부분 예수님을 알 뿐만 아니라 좋아하기까지 합니다. 휴일과 더불어 캐럴이나 성탄 트리 같은 즐길 만한 문화를 주신 분이니까요! 하지만 그저 예수님의 이름만 알면 안 됩니다. 예수님을 알되 제대로 알아야 합니다. 예수님이 어떤 분이신지 아느냐에 따라 행복과 불행, 천국과 지옥이 갈리기 때문입니다.

사람들에게 "예수님은 누구인가요?"라고 질문한다면 어떤 대답을 듣게 될까요? 다양한 대답이 나오겠지만 아마 "세계 4대 성인 중 한 사람이요!"라는 대답을 많이 들을 것 같아요. 맞아요. 사람들에게 예수님은 세상을 이롭게 했던, 우리가 성인이라고 부르는 '고타마 싯다르타, 소크라테스, 공자'와 같은 부류 중 한 사람 정도로 알려져 있을 거예요. 그렇다면 당신은 어떤가요? 당신은 예수님을 어떤 분으로 알고 있나요? 지금껏 당신이 예수님에 대해 가졌던 생각을 한번 정리해 볼까요?

"내가 생각하는 예수님은 _____ 입니다."

이 시간 이후, 예수님에 대한 당신의 생각이 어떻게 바뀔지 궁금하고 기대됩니다. 확신컨대 그분의 정체와 하신 일에 깜짝 놀라게 될 거예요. 이후엔 저처럼 예수님 이야기만 나오면 들뜨게 될 겁니다. 자! 지금부터 예수님이 어떤 분이신지, 어떻게 그분이 우리의 해결책이 되시는지 본격적으로 살펴봅시다.

2 상상도 못 한 정체

2000여 년 전, 그 땅의 사람들도 예수님을 참 좋아했어요. 예수님이 나타나셨다는 소문이 들리면 구름 같은 인파가 모여들었어요. 빈 들에선 무려 오천 명, 칠천 명이 한 번에 모여들었고, 바닷가에선 밀려드는 인파로 예수님은 배 위에서 사람들을 가르치셔야 했어요.

어떻게 해서든 예수님을 보겠다며 나무 위로 올라가는 사람이 있는가 하면, 남의 집 지붕까지 뜯어내며 예수님을 만나는 진풍경이 벌어지기도 했지요. 예수님을 본 사람들은 그분을 향해 "다!윗!자!손! 예!수!님!"이라고 외치며 환호했답니다. 사람들은 왜 그리도 예수님께 열광했을까요? 그들에게 예수님은 어떤 분이셨을까요?

예수님이 한번은 제자들에게 이렇게 물으셨어요.

"사람들이 나를 누구라고 하더냐?"

제자들이 답했어요.

"선생님더러 세례 요한이라고 합니다."
"어떤 사람은 엘리야가 나타났다고 하던걸요?"
"하나님이 보내신 선지자 중 한 명이라고 했어요!"

이 말들에는 예수님을 향한 큰 칭송과 큰 기대가 담겨 있습니다. 사람들이 언급한 인물은 당대 최고의 영향력을 끼치는 인플루언서였고, 역사를 통틀어 가장 강력한 기적을 행했던 하나님의 종이었고, 하나님의 말씀을 받아 전하는 자였어요. 사람들은 예수님의 가르침과 기적을 통해 예수님이야말로 그들이 그토록 기다려 온 분이신 것을 직감했어요. 수백 년 동안 이어진 외세의 점령에서 벗어나게 해줄 탁월한 지도자로 보았던 겁니다.

그렇다면 예수님은 이 대답에 어떤 반응을 보이셨을까요? 예수님은 사람들의 이 기대를 반기지 않으셨습니다. 사람들이 언급한 인물들은 위대하고 탁월합니다만 예수님은 그들과 결코 비교될 수 없는 분이시기 때문입니다. 예수님은 다시 제자들에게 물으셨지요. "그러면 너희는 나를 누구라고 하느냐?" 그때, 제자 중 베드로가 대답했어요.

> 시몬 베드로가 대답하여 이르되 주는 그리스도시요 살아계신 하나님의 아들이시니이다(마태복음 16:16).

베드로는 예수님을 가리켜 '그리스도'시며, '하나님의 아들'이라고 했어요. 그 대답에 예수님은 "그래, 그거야! 정답!"이라며 크게 만족하셨어요. 그리고 이렇게 덧붙이셨어요. "네가 한 그 말은 하나님이 알려 주셨구나. 너의 그 대답 위에 교회를 세우겠다!" 그래서 베드로의 이 대답은 성경에서 가장 위대한 고백이라고 알려져 있답니다.

저는 여러분이 정의한 "예수님은 _____이다"의 빈칸이 베드로와 같아지기를 바랍니다. 예수님에 대한 여러분의 지식이 예수님을 기쁘시게 하기를! 그렇다면 베드로의 대답이 왜 칭찬받을 만한 것인지, 예수님이 왜 그렇게 기뻐하셨는지, 예수님은 어떤 분이신지 함께 알아봅시다.

그리스도

베드로가 말한 예수님의 정체, 그 중 첫 번째인 '그리스도'를 알아보기에 앞서 오해를 좀 풀어야겠어요. '그리스도'를 예수님의 성(姓)으로 알고 있는 사람이 있더라고요. "예수님은 외국인이시니까 '예수'는 이름이고 '그리스도'가 성이구나"라고 말이에요. 세상에… 그게 저였어요.

유대인들에게 성이 생긴 것은 비교적 최근 일이랍니다. 1787년 오스트리아-헝가리법이 제정되기 전까지는 그들에게 성이 없었어요. 대신 아버지의 이름을 넣어서 '눈의 아들 여호수아'라든가, 살던 곳의 지명을 넣어서 '막달라의 마리아'와 같이 불렀답니다. 그렇다면

'그리스도'가 성이 아니라면 무엇일까요? 바로 '직책'입니다. '그리스도'는 고대 로마 제국의 통용어였던 헬라어의 '크리스토스'(Χριστός)에서 왔어요. 크리스마스를 왜 X-mas라고 하는지 알겠죠? '기독교'에서 '기독'이라는 말도 '크리스트'를 소리나는 대로 한자로 적은 것이랍니다. 그러니 기독교는 '그리스도를 믿는 종교'라는 뜻이지요. 이 '그리스도'를 유대인의 모국어 히브리어로 '메시아'라고 합니다. 오! 들어본 적 있지요? 그리스도와 메시아는 똑같이 '기름 부음 받은 자'라는 뜻이에요. 고대 이스라엘에선 하나님이 세우신 특별한 사람에게 기름을 부어 임명했는데, 거기서 비롯된 명칭입니다.

즉, '하나님이 보내신 구원자'라고 이해하면 됩니다. 하나님은 끊임없이 하나님을 떠나 벌을 받던 이스라엘 백성에게 이 모든 문제를 해결할 구원자를 보내 준다고 약속하셨지요. 몇백 년 동안 외세의 지배를 받던 유대인들은 오매불망 메시아를 기다렸어요. 메시아가 오시면 자기 민족을 구원하고 모든 정세를 역전시키리라 기대했던 겁니다. 그래서 베드로가 "당신은 그리스도이십니다!"라고 말한 것은 "당신은 우리가 그토록 기다려 온 구원자이십니다!"라는 고백인 셈입니다.

메시아가 오실 길을 예비한 세례 요한이 한번은 예수님께 이렇게 물었어요. "당신이 하나님이 보내신 그리스도가 맞습니까? 당신이 아니라면 또 다른 누군가를 기다려야 할까요?" 그때 예수님은 "맹인이 눈을 떴다"고 말씀하셨어요. 왜 이런 동문서답을 하신 걸까요? 예수님이 오시기 전, 선지자들은 이런 예언을 했어요.

> **그때에 맹인의 눈이 밝을 것이며 못 듣는 사람의 귀가 열릴 것이며**(이사야 35:5).

그래서 구약 성경에 여러 기적이 등장하지만 맹인이 눈을 뜬 기적은 하나도 없어요. 그것이 메시아 등장의 증거이기 때문이지요. 그런데 예수님이 눈먼 자들의 눈을 밝히셨던 겁니다. 이것은 예수님이 하나님이 보내신 메시아라는 명확한 증거였죠! 또 예수님은 메시아이심을 이렇게 드러내셨어요.

> **내가 온 것은 세상을 심판하려 함이 아니요 세상을 구원하려 함이로라**(요한복음 12:47).

3부 예수님 The Solution

이렇듯 예수님은 어떤 목적으로 이 땅에 오셨는지를 분명히 알고 계셨어요. 세상을 구원하시기 위해서입니다. 그렇다면 그분은 어떤 방식으로 세상을 구원하실까요? 차근차근 살펴봅시다.

하나님의 아들

이제 베드로가 말한 예수님의 정체 두 번째, '하나님의 아들'을 살펴볼 텐데요. 이 고백을 곱씹어 보면 상당히 놀랍습니다. 하나님의 아들은 어떤 존재일까요? 그 역시 '하나님'이십니다! 아버지와 아들은 같은 존재여야 하기 때문입니다.

네 살배기 제 아들은 요즈음 고양이에 푹 빠져 있답니다. 얼마나 좋아하는지 고양이 흉내를 내는데요, 틈만 나면 다가와서 "야옹, 아빠! 나는 고양이야. 야옹!"하는 겁니다. 귀엽지요? 그런데 한두 번은 귀엽지만 끝도 없이 하니까 혹시나 정체성에 혼란이 오지는 않을까 걱정이 되더라고요. 그래서 이렇게 대답해 주었답니다.

"에이, 그러면 아빠도 고양이라는 말이야? 아빠는 사람인데? 그러니까 아빠 아들인 너도 사람이지!"

이처럼 베드로의 고백 "당신은 하나님의 아들이십니다"는 곧 "당신은 하나님이십니다"라는 놀라운 고백입니다. "당신은 지금껏 제가 경외하고 예배해 왔던 바로 그 하나님이십니다"라고 하는 표현인 것이지요.

베드로의 고백은 단지 말뿐이 아니었어요. 일례로 베드로와 몇몇 제자들이 밤새 그물을 던져 낚시했으나 한 마리도 잡지 못했고, 실망하며 그물을 씻고 있을 때 일어난 일입니다. 예수님이 그들에게 오셔서 "깊은 곳에 가서 그물을 내리라"고 하시는 겁니다.

밤새 잡아도 안 잡혔어요. 이 시간은 특히 물고기가 잡힐 수 없는 때라는 건 이 일에 익숙한 어부인 베드로가 제일 잘 알았어요. 하지만 베드로가 예수님의 말씀대로 그 깊은 곳에 그물을 던졌을 때 호수에 있던 수많은 물고기가 그의 그물로 몰려드는 기적을 경험하게 됩니다.

베드로는 예수님 앞에 엎드려 "저는 죄인입니다. 저를 떠나소서!"라고 외쳤어요. 이는 오로지 거룩하신 하나님 앞에서만 보일 수 있는 태도입니다. 이 사건으로 베드로는 예수님이 하나님이라는 사실을 깨닫게 된 것입니다.

예수님이 하나님이심을 나타낸 말씀은 또 있어요. 예수님의 제자 빌립이 예수님께 나아와 "선생님, 하나님을 보여 주세요!"라고 요청했어요. 그때 예수님이 이렇게 말씀하셨어요.

예수께서 이르시되 빌립아 내가 이렇게 오래 너희와 함께 있으되 네가 나를 알지 못하느냐 나를 본 자는 아버지를 보았거늘 어찌하여 아버지를 보이라 하느냐(요한복음 14:9).

치유의 기적을 바라는 중풍 병자에게 예수님은 "네가 죄 사함을 받았느니라"라고 하셨어요. 즉, 예수님은 단순히 병을 낫게 하심이 아니라 죽음을 향해 가는 상태의 원인인 죄를 해결하시는 하나님이라는 사실을 드러내신 것입니다. 성경의 다른 많은 부분 역시 예수님이 하나님이시라는 사실을 증언합니다. 대표적으로, 가장 많은 성경을 기록한 사도 바울은 하나님이 주신 영감으로 이렇게 말합니다.

그는 보이지 아니하는 하나님의 형상이시요 모든 피조물보다 먼저 나신 이시니 만물이 그에게서 창조되되 하늘과 땅에서 보이는 것들과 보이지 않는 것들과 혹은 왕권들이나 주권들이나 통치자들이나 권세들이나 만물이 다 그로 말미암고 그를 위하여 창조되었고 또한 그가 만물보다 먼저 계시고 만물이 그 안에 함께 섰느니라(골로새서 1:15-17).

영이시기에 보이지 않는 하나님의 보이는 모습이 바로 예수님이시며, 하나님이 세상을 창조하실 때 함께하신 그 예수님이 왕이시라는 의미입니다. 예수님을 만난 사람의 증언, 예수님의 증언, 하나님의 영감으로 기록된 성경의 증언 모두 예수님이 곧 하나님이시라고 말합니다. 4대 성인 중 한 사람이라고요? 예수님은 하나님이십니다! 온 세상을 창조하신 그분이 이 세상을 구원할 메시아로 직접 오신 것입니다.

사람의 아들

예수님의 정체가 하나님이시라니 놀랍지 않나요? 그런데 신이 이 땅에 오신다면 어떤 방식이 가장 어울릴까요? 갑자기 하늘의 구름이 쫙 갈라지더니 그 사이로 한 줄기의 빛이 쏟아져 내립니다. 그 빛 가운데 형언할 수 없을 만큼 거룩하고 아름다운 신의 모습이 드러납니다. 빛보다 더 빛나는 영광, 온 땅을 진동하는 위엄으로 등장하는 거예요! 그러면 모든 사람이 압도되어 황홀경과 경외감으로 무릎을 꿇고 그분을 맞이하겠지요. 하지만 하나님이신 예수님이 이 땅에 오신 방식은 당황스럽기까지 해요.

마리아가 천사에게 말하되 나는 남자를 알지 못하니 어찌 이 일이 있으리이까 천사가 대답하여 이르되 성령이 네게 임하시고 지극히 높으신 이의 능력이 너를 덮으시리니 이러므로 나실 바 거룩한 이는 하나님의 아들이라 일컬어지리라(누가복음 1:34 - 35).

신이 처녀의 몸을 통해 연약하고 무력한 '아기의 모습'으로 오셨다는 겁니다. 더군다나 그 상황과 배경이 너무 초라하기까지 하지요.

그 약혼한 마리아와 함께 호적하러 올라가니 마리아가 이미 잉태하였더라 거기 있을 그때에 해산할 날이 차서 첫아들을 낳아 강보로 싸서 구유에 뉘었으니 이는 여관에 있을 곳이 없음이러라(누가복음 2:5 - 7).

예수님이 태어나신 베들레헴은 거룩한 도시가 아니라 작고 가난한 동네였어요. 심지어 사람 사는 방도 아니고 가축의 축사에서 태어나 나귀의 여물통에 누이셨답니다.

사실 저는 이 장면이 늘 답답하고 속상했어요. 아니 왜 예수님이 꼭 이런 방식으로 오셔야 해요? 하나님이시면 하늘에서 빛줄기와 함께 내려오시면 되잖아요! 예수님이 이렇게 오셨기 때문에 굳이 받지 않아도 될 오해를 받으셨고, 조롱과 조소 거리가 되셨어요. 예수님 시대에도 가짜뉴스가 문제였어요.

"사실 예수는 로마 군인의 사생아래 글쎄."
"정혼한 마리아가 제 남편 두고 로마 군인이랑 눈 맞은 거 같아. 아이고 요셉은 무슨 잘못이래? 망측해라. 하기야 처녀가 어떻게 애를 낳겠어? 품!"

휴, 제 답답한 심정이 이해되시나요? 예수님은 굳이 왜 사람을 통해 아기로 오신 걸까요? 예수님이 이런 방식으로 오신 것은 우리에게 아주 중요한 사실을 알려 줍니다. 바로 예수님이 '사람의 아들'이시라는 것입니다. 이미 사용한 논리를 활용해서 질문하겠습니다. '사람의 아들'이 의미하는 것은 무엇을 뜻할까요? 맞아요. '사람'입니다. 성경이 굳이 예수님의 탄생에 대하여 기록한 것은 이 사실이 너무나 중요하기 때문입니다. 바로 그분이 우리와 똑같으시다는 것입니다.

우리에게 있는 대제사장은 우리의 연약함을 동정하지 못하실 이가 아니요 모든 일에 우리와 똑같이 시험을 받으신 이로되(히브리서 4:15).

예수님은 우리와 똑같은 방식으로 태어나고 자라고 삶을 사셨기에 우리를 이해할 수 있고, 동정하실 수 있어요. 예수님은 순도 100% 사람이신 겁니다.

예를 들어볼게요. 선거철이 되면 많은 정치인이 재래시장을 방문합니다. 그러고는 떡볶이도 먹고, 어묵도 먹고, 붕어빵도 먹고, 국밥도 먹습니다. 왜 그럴까요? 유권자에게 이렇게 말하는 겁니다. "저도 여러분과 똑같습니다! 그래서 여러분이 무엇을 원하는지 다 알아요. 저를 뽑아 주세요!"

하지만 그 말을 들은 사람들도 다 압니다. 그들에게 온전히 이해받기란 쉽지 않다는 것을… 왜냐하면 그들이 'born to be 서민'이 아니기 때문입니다.

마찬가지로 부자가 빈민의 삶을 온전히 이해할 수 없다는 것을 우리는 다 압니다. 그가 빈민의 삶을 온전히 이해한다면 그 사람은 빈민일 수밖에 없고 빈민이어야 합니다. 그래서 예수님은 우리와 똑같은 '사람'으로 오신 거예요. 즉, '예수님=사람'이라는 것입니다. 예수님도 스스로를 지칭할 때 자주 '인자'(son of man)라는 표현을 사용하셨어요.

> 예수께서 이르시되 여우도 굴이 있고 공중의 새도 거처가 있으되 인자는 머리 둘 곳이 없다 하시더라(마태복음 8:20).

복음서에서만 무려 83회나 사용하셨어요. 예수님도 사람이라는 사실을 분명히 알고 계셨어요!

하나님=예수 그리스도=사람

알아요. 지금 무슨 생각하는지… 조금 전에는 '예수님=하나님'이라고 하더니, 이제는 '예수님=사람'이라고 하니 많이 당황했죠? 그런데 성경은 이 두 가지 모두를 말합니다. 그래서 어떤 사람들은 모순을 피하려고 예수님이 때에 따라, 필요에 따라 하나님이 되었다가 사람이 되었다가 하신다고 합니다. 마치 클라크 켄트가 안경을 벗으면 슈퍼맨이 되는 것처럼요. 또 어떤 이들은 그리스 로마 신화에 나오는 헤라클레스나 아킬레우스처럼 신에 필적한 능력을 갖춘 사람이라고 받아들이기도 합니다.

그러나 성경은 예수님을 그렇게 소개하지 않아요. 오로지 "예수님은 100% 하나님이신 동시에 100% 사람이시다"라고 합니다. 그게 말이 되느냐고요? 이처럼 사람의 머리로 도저히 이해가 안 되지만 사실인 것을 신비라고 부릅니다. 우리의 이성으로는 다 알 수 없지만, 성경은 분명하게 '하나님=예수님=사람'이라고 증언합니다. 우리는 있는 그대로 받아들여야 합니다. 예수님이 이와 같은 존재이신 까닭은 그분의 목적 때문입니다. 예수님이 밝히신 '이 땅에 오신 목적'은 '대속물'이 되는 것이었어요.

인자가 온 것은 섬김을 받으려 함이 아니라 도리어 섬기려 하고 자기 목숨을 많은 사람의 대속물로 주려 함이니라(마가복음 10:45).

'대속물'이 뭘까요? 생소한 이 단어를 영어 성경은 랜섬(ransom)으로 번역합니다. 컴퓨터에 익숙한 분이라면 바로 '랜섬웨어'를 떠올렸을 거예요. 랜섬웨어는 악질 해커가 개인이나 기업의 컴퓨터에 악성코드를 설치해서 데이터에 접근하지 못하게 해놓고는 돈을 요구하는 범죄입니다. 제 경험담인데요. 랜섬웨어에 걸린 PC 바탕화면에 영어로 이렇게 적혀 있더라고요. "네 컴퓨터는 내가 인질로 잡았어. 네 파일들을 돌려받고 싶다면 아래에 있는 가상화폐 계좌로 돈을 보내. 그러면 복구시켜 줄게." 이 범죄에 쓰인 악성코드가 '랜섬웨어'라고 불리는 이유는 인질 삼은 데이터의 '몸값'을 요구하기 때문입니다.

랜섬은 '몸값'이라는 뜻입니다. 즉, 예수님은 '랜섬' 곧 죄와 죽음에 사로잡힌 사람들을 풀어 주기 위한 '몸값'으로 오셨다는 것입니다. 모든 사람은 죄에 사로잡혀 있어요. 원죄를 가진 사람은 죄의 종이 되어 죄인으로 살아갈 수밖에 없답니다. 만약 그가 죄에서 벗어나고 싶다면 합당한 몸값, 즉 죄의 값을 지급해야 합니다. 죄의 값은 바로 '죽음'입니다.

선악을 알게 하는 나무의 열매는 먹지 말라 네가 먹는 날에는 반드시 죽으리라(창세기 2:17).

죄의 삯은 사망이요(로마서 6:23).

이것 때문에 예수님은 '하나님=예수님=사람'으로 오셔야만 했던 것입니다. 예를 들어 설명해 볼게요. 어느 날, 하나님이 제게 준엄한 목소리로 "이제 때가 되었으니 네 죗값을 치러야겠구나. 너는 죄 된 본성으로 지금껏 나에게 반역한 삶을 살았으니 지옥행이다!"라고 하시는 겁니다.

바로 그때였어요! 저를 너무나 사랑하는 아내가 하나님 앞에 엎드려 간절하게 요청하는 것입니다. "하나님, 안 돼요! 안 됩니다. 제 사랑하는 남편은 안 됩니다. 차라리 저를 대신 지옥에 보내세요!" 이 얼마나 숭고한 사랑입니까? 목숨까지 내어 주는 사랑이라니… 크,

그렇게 아내는 죗값을 치르고 지옥으로 갔습니다. 저는 평안한 가운데 생을 마감했지요.

이제 눈을 감았다가 뜨면 새로운 삶이 시작되겠죠? 바로 천국에서! 자, 이제 눈을 뜹니다. '짠!' 아니! 이게 무슨 일이죠? 왜 지옥인 겁니까? 당황해서 주변을 살펴보는데 저기서 아내가 벌을 받는 겁니다. 뛰어가 다급하게 물었습니다. "아니, 여보! 여보가 내 죗값을 대신 치렀잖아. 근데 왜 나 여기 있어? 어떻게 된 거야?" 그러자 아내가 망연자실한 표정으로 이렇게 말합니다. "여보, 있잖아… 내가 죽은 건 내 죄 때문이고, 당신이 죽은 건 당신 죄 때문이래."

> 모든 사람이 죄를 범하였으매 하나님의 영광에 이르지 못하더니(로마서 3:23).

모든 사람이 원죄를 가진 죄인입니다. 모두 다 각자의 죗값을 치러야 합니다. 그 누구도 다른 누군가의 죗값을 대신 치르는 것은 불가능합니다. 만약 누군가의 죗값으로 자기의 생명을 내어 줄 사람이라면, 그는 죄가 없어야만 합니다. 그렇지요? 하지만 죄가 없는 사람이 어디에 있나요? 의로운 존재는 오직 하나님 한 분밖에 없으십니다. 하나님은 사람을 너무나 사랑하셔서 죗값을 갚아 주기 원하시지만, 하나님은 생명 그 자체이기에 돌아가실 수 없습니다. 또한 사람의 죗값은 오직 사람만이 지불할 수 있어요. 정리하자면, 사람을 죄에서 구하려는 자는 '죄가 없는 동시에 죽을 수 있는 존재'의 조건을 충족해야 합니다.

> 우리에게 있는 대제사장은 우리의 연약함을 동정하지 못하실 이가 아니요 모든 일에 우리와 똑같이 시험을 받으신 이로되 죄는 없으시니라(히브리서 4:15).

> 그가 우리 죄를 없애려고 나타나신 것을 너희가 아나니 그에게는 죄가 없느니라(요한1서 3:5).

그래서였어요. 하나님이신 예수님이 굳이 오해와 조롱을 받을 것을 알면서도 사람으로 오셔야 했던 이유, 바로 우리 때문이었어요. 우리를 그 이상으로 사랑하시기 때문입니다.

이 사랑이 얼마나 충격적인지 생각해 보아야 합니다. 창조주가 피조물을 위해 생명을 내어 준다는 것…. 심지어는 온 세상을 창조하셔서 세상보다 크신 분이 작디작은 보잘것없는 존재이며 하나님의 사랑을 거부하고 반역하고 '여전히 하나님이 필요 없다'라고 말하며 살아가는, 사랑스러울 것 하나도 없는 사람을 위해서 말이에요. 이 얼마나 놀라운 사랑인가요? 이것이 바로 예수님의 상상도 못 할 정체입니다.

상상도 못한 방법

　예수님이 대속물이 되셔서 택하신 방법이 바로 '십자가'입니다. 십자가 하면 어떤 이미지가 떠오르나요? 장식이나 액세서리가 떠올라 아름답다는 느낌이 드나요? 그런데 사실 십자가는 너무 끔찍해서 입에 담기도 부담스러운 고대 로마의 사형 기구였답니다. 당시 '십자가형'은 법정 최고형이었어요. 죄질이 좋지 않을수록 그에 상응한 형벌이 선고되는데, 십자가형은 황제에게 반역한 죄인이나 극악무도한 죄인을 처형하는 데 사용되었어요. 사회 질서 유지를 위해 본보기도 보여야 했을 테니 얼마나 끔찍한 형벌이었을까요?

　로마의 철학자이자 정치인인 키케로는 "십자가형은 구토가 나올 만큼 잔인하고 불쾌한 처형 방식"이라며 "십자가라는 명칭 자체를 로마 시민의 몸에서 멀리 떨어지게 하고 로마 시민의 생각과 눈과 귀에 닿지 않도록 하라"[9]라고 말할 정도였답니다.

십자가형은 죽음의 모든 차원을 겪는다고 합니다. 십자가형이 선고된 죄수는 뾰족한 납 조각과 동물 뼈가 박힌 채찍으로 전신을 난도질당합니다. 이후 어마어마한 무게의 십자가 가로대를 짊어지고 처형장까지 걸어가야 했어요. 형장에 도착한 죄인은 발가벗겨져 십자가에 못 박히고 매달렸어요. 그러고는 방치되었답니다. 발가벗겨진 신체는 사람들에게 그대로 보이게 되었고, 대소변을 그 자리에 쏟아내야 했어요. 뜨거운 햇살에 온몸은 화상을 입고, 새나 들짐승들에게 살이 뜯기고, 결국에는 질식사로 숨이 끊겼습니다. 십자가에 매달린 자세는 몸을 들어 올리지 않으면 숨을 쉬기가 어렵습니다. 몸을 들어 올릴 그 힘이 떨어지면 질식하게 됩니다. 단번에 죽지 않는다는 겁니다. 십자가형이 법정 최고형인 이유, 모든 사람에게 혐오의 대상인 이유가 바로 여기에 있답니다.

그래서 예수님의 선택이 '십자가'여야 했어요. 이토록 끔찍한 형벌, 원래는 누가 받아야 했을까요? 창조주 하나님께 반역한 우리가 받아야 할 법정 최고형이었습니다. 모든 이들이 두려워하는 십자가는 바로 우리의 죄가 하나님 앞에서 얼마나 끔찍한지 보여 주는 형벌이었어요.

혹자는 예수님이 십자가형을 당하신 것은 예수님 뜻이 아니었다고 말하기도 합니다. 그럴 리가 없다는 겁니다. 이렇게 끔찍한 것을 기꺼이 선택할 정신 나간 사람이 어디 있느냐는 것이지요. 예수님도 그럴 생각까지는 없으셨는데, 누군가 억지로 등 떠밀었다고 주장합니다. 그러나 이러한 주장들은 전혀 사실이 아닙니다.

> 보라 우리가 예루살렘에 올라가노니 인자가 대제사장들과 서기관들에게 넘겨지매 그들이 죽이기로 결의하고 이방인들에게 넘겨주겠고 그들은 능욕하며 침 뱉으며 채찍질하고 죽일 것이나 그는 삼 일 만에 살아나리라 하시니라(마가복음 10:33 - 34).

우리는 분명히 알아야 합니다. 예수님은 그 고통을 뻔히 아시면서도 끔찍한 고통과 죽음을 피하지 않고 기꺼이, 의지적으로 십자가로 나아가신 것입니다. 그것이 하나님의 뜻이기에, 이 방법으로만 사랑하는 사람들을 죄에서 건질 수 있기에 십자가에 달리기를 선택하신 것입니다.

이를 내게서 빼앗는 자가 있는 것이 아니라 내가 스스로 버리노라 나는 버릴 권세도 있고 다시 얻을 권세도 있으니 이 계명은 내 아버지에게서 받았노라 하시니라(요한복음 10:18).

그렇다면 예수님의 십자가는 어떻게 우리 죄의 해결책이 될까요?

육신의 죽음

그날, 예수님이 못 박히신 십자가에서 무슨 일이 있었던 걸까요? 십자가가 세워진 골고다 언덕, 그 현장으로 가봅시다.

이날은 준비 일이라 유대인들은 그 안식일이 큰 날이므로 그 안식일에 시체들을 십자가에 두지 아니하려 하여 빌라도에게 그들의 다리를 꺾어 시체를 치워 달라 하니 군인들이 가서 예수와 함께 못 박힌 첫째 사람과 또 그 다른 사람의 다리를 꺾고 예수께 이르러서는 이미 죽으신 것을 보고 다리를 꺾지 아니하고 그중 한 군인이 창으로 옆구리를 찌르니 곧 피와 물이 나오더라(요한복음 19:31 - 34).

십자가 형벌은 대부분 질식사로 죽게 됩니다. 매달린 자세와 중력 때문에 횡경막이 찌그러져 숨을 쉴 수가 없기 때문이지요. 그래서 사형수는 무릎을 곧게 펴서 몸을 끌어 올려야 했어요. 십자가에 달린 자는 다리에 힘이 빠져 질식할 때까지 이 움직임을 반복합니다. 그런데 예수님을 십자가에 못 박았던 유대인들은 이 일을 속히 끝내 주기를 당국에 요청했어요. 다음 날이 거룩히 지켜야 하는 안식일이었기 때문입니다. 그들의 율법에는 '나무에 달린 자는 하나님께 저주받았다'라고 되어 있기에 죄인을 십자가에 못 박은 채 방치할 수가 없었어요.

십자가형을 빨리 끝내는 방법은 사형수들이 숨을 쉬지 못하도록 무릎뼈를 망치로 부수는 것이었어요. 하지만 망치를 든 군인들이 예수님 앞에 왔을 때는 그렇게 할 필요가 없었답니다. 예수님이 이미 돌아가셨기 때문입니다. 군인들은 그것을 확인하는 차원에서 긴 창으로 예수님의 옆구리를 찔렀어요. 질식으로 사망할 경우 심장과 폐에 피와 물이 차는데 그것을 확인하는 방법이지요. 창이 들어간 자리에 물과 피가 쏟아져 나오며 예수님의 죽음을 확인시켜 주었어요. 시신은 곧 끌어내려져 차디찬 돌무덤에 안치되었답니다. 거대한 돌문이 닫히며 모든 빛을 거두어 가버렸어요.

> 이에 예수의 시체를 가져다가 유대인의 장례 법대로 그 향품과 함께 세마포로 쌌더라 예수께서 십자가에 못 박히신 곳에 동산이 있고 동산 안에 아직 사람을 장사한 일이 없는 새 무덤이 있는지라 이날은 유대인의 준비일이요 또 무덤이 가까운 고로 예수를 거기 두니라(요한복음 19:40 – 42).

그렇게 예수님은 자신의 생명으로 우리의 죗값을 대신 치르셨어요. 죄 없으신 예수님이 우리 죄를 짊어지고 끔찍한 십자가에 못 박히셨고, 하나님은 우리가 받아야 할 죄의 값인 '죽음'을 예수님께 쏟아부으셨어요. 십자가는 하나님의 저주의 나무가 되어 우리의 죗값을 받아냈습니다. 의로우신 예수님은 죄인이 당해야 할 죽음을 대신 치르셨습니다. 이것이 그날, 예수님께 그리고 우리에게 일어난 일입니다.

영의 죽음

그런데 여기서 멈추면 안 됩니다! 십자가에서 일어난 일은 그게 전부가 아니었기 때문이에요. 아직 살펴볼 내용이 남아 있답니다. 예수님의 십자가형을 기록한 복음서(마태, 마가, 누가, 요한복음)를 읽다 보면 생기는 의문이 있어요.

그 어디에도 예수님이 그토록 끔찍한 십자가형을 받는 동안 절규하셨다거나 신음 한 번 내셨다고 표현된 장면이 없다는 점이에요. 채찍질을 당하시고, 무거운 십자가 형틀을 짊어지다가 넘어지셔도, 심지어는 두꺼운 못이 손과 발의 피부와 근육을 뚫고 뼈 사이를 관통하실 때도 말이죠. 예수님은 그 모든 육신의 고통을 그저 담담하게 받으신 것입니다. 이러한 예수님의 고난에 대해 한 선지자는 이렇게 예언했어요.

그가 곤욕을 당하여 괴로울 때에도 그의 입을 열지 아니하였음이여 마치 도수장으로 끌려가는 어린 양과 털 깎는 자 앞에서 잠잠한 양 같이 그의 입을 열지 아니하였도다(이사야 53:7).

그런데 한 번, 딱 한 번 예수님이 엄청난 고통에 절규하시는 장면이 기록되어 있어요. 성경이 이 장면을 보여 주는 데는 다 이유가 있겠죠? 우린 그 의미를 발견해야 합니다.

제구시에 예수께서 크게 소리 지르시되 엘리 엘리 라마 사박다니 하시니 이를 번역하면 나의 하나님, 나의 하나님 어찌하여 나를 버리셨나이까 하는 뜻이라(마가복음 15:34).

예수님은 십자가에서 돌아가시기 전에 "나의 하나님! 나의 하나님! 어찌하여 나를 버리셨나이까"라고 비명을 지르셨어요. 무엇이 잠잠하던 예수님의 비명을 토해내게 했나요? 육신의 고통? 아닙니다. 이것은 영의 고통이었어요.

하나님이 예수님과의 관계를 끊으셨어요. 말 그대로 하나님이 자기 아들을 버리신 겁니다. 많은 사람이 예수님의 죽음이라고 하면, 십자가에 달리신 육신의 죽음만 생각합니다. 그런데 죄의 형벌인 '죽음'은 육신의 죽음뿐만 아니라 영의 죽음이 있다고 했던 것을 기억하나요? 지금 우리는 예수님과 하나님의 관계가 단절되는 영의 죽음을 목격하는 것입니다. 하나님과 끊어짐이 얼마나 고통스러우셨는지, 그 끔찍한 십자가형에도 침묵하시던 예수님이 큰소리로 비명을 지르시는 겁니다!

우리는 이 고통과 절규를 잘 이해하지 못합니다. 그렇다면 다시 하나님과 그 아들 예수님의 관계를 들여다볼 필요가 있어요. '사람의 창조'는 하나님의 흘러넘친 사랑의 결과라고 말했던 것 기억나지요? 예수님은 사람의 몸으로 오시기 전부터 아버지와 함께 계셨어요. 세상을 창조하실 때도 아버지와 함께 계셨지요.

우리가 우리의 형상을 따라서 사람을 만들자(창 1:26, 새번역).

하나님과 예수님은 세상이 있기 전부터 함께하셨어요. 아버지와 아들은 늘 함께였고, 늘 서로를 너무나 사랑하셨어요. 그 표현의 결정체가 "하나님은 사랑이시라"(요일 4:16)였던 거지요. 아들을 향한 아버지의 사랑, 아버지를 향한 아들의 사랑. 영원 전부터 영원토록 사랑하시어 하나가 된 그 놀라운 관계!

영원토록 떨어져 본 적이 없는 이 사랑이 단 한 번, 끊어진 때가 있었는데, 그게 바로 십자가 위에서입니다. 아버지 하나님이 아들 예수를 향해 "너 누구니? 나 너 같은 아들 없다!"라고 통보하신 것입니다. 그것이 예수님으로 절규하시게 한 것입니다. 하나님이 사랑하는 아들에게 갑자기 왜 이렇게 하시는 건가요? 우리 때문이었어요. 우리의 죗값을 지불하시기 위해 하나님은 예수님을 버리셨어요. 하나님과의 단절은 원래 우리가 당한, 우리가 당해야 할 영의 죽음이자 관계의 죽음이었어요. 예수님은 십자가에서 우리의 육신뿐만 아니라 영의 죽음까지도 다 대신 지불하신 것입니다.

죽음의 죽음

예수님이 행하신 일은 '죽음'으로 끝나지 않아요. 이제 이 해결책의 대미, 바로 예수님의 부활이 남아 있답니다. 십자가에 못 박혀 돌아가신 예수님은 미리 말씀하신 대로 사흘 만에 다시 살아나셨어요!

이르시되 인자가 많은 고난을 받고 장로들과 대제사장들과 서기관들에게 버린 바 되어 죽임을 당하고 제삼일에 살아나야 하리라 하시고 (누가복음 9:22).

예수님이 묻히셨던 돌무덤은 열려 있었고, 그곳에는 오직 시신을 감쌌던 세마포 수의만 덩그러니 남아 있었어요(요 20:1-7). 부활하신 예수님은 제자들에게 나타나 사십여 일간 함께 머무르며 하나님 나라에 대해 가르치셨고 이후 다시 오실 것을 약속하시고 하늘로 올라가셨답니다.

죽은 사람이 어떻게 살아나냐고요? 말도 안 된다고요? 그런 반응 이해해요. 감히 누가 상상이나 할 수 있겠어요? 그러나 많은 학자는 예수님의 부활을 역사적 사실로 받아들입니다. 강력한 증거가 성경과 역사에 기록되어 있기 때문입니다.

대표적인 예로 기독교의 부흥을 들 수 있어요. 전문가들이 볼 때 기독교는 교세가 커질 만한 어떠한 특징도, 배경도 없었답니다. 그러나 예수님이 돌아가시고 부활한 지 두 달도 채 되지 않아 무려 삼천 명의 기독교인이 생겼고, 어떠한 핍박 속에서도 믿는 사람들이 늘어만 갔습니다. 그 부흥의 핵심에는 제자들의 변화가 있었어요. 예수님의 십자가형 이후, 박해를 피해 숨어 있던 제자들이 길거리로 나와 예수님의 돌아가심과 부활을 증거하기 시작했기 때문입니다.

> 베드로가 열한 사도와 함께 서서 소리를 높여 이르되 유대인들과 예루살렘에 사는 모든 사람들아 이 일을 너희로 알게 할 것이니 내 말에 귀를 기울이라(사도행전 2:14).

무엇이 그들에게 이런 용기를 내게 했을까요? 그들이 실제로 본 무언가가 있었다는 것입니다. 이것은 부활하신 예수님을 만난 것이 아니고선 도무지 일어날 수 없는 일이에요. 예수님의 부활이 사실이라면 그 의미를 아는 것이 중요합니다. 예수님의 부활은 우리 삶의 모든 것을 달라지게 만듭니다. 부활이 '죄 해결'의 가장 확실한 증거이기 때문입니다.

> 그리스도께서 다시 살아나신 일이 없으면 너희의 믿음도 헛되고 너희가 여전히 죄 가운데 있을 것이요 또한 그리스도 안에서 잠자는 자도 망하였으리니 만일 그리스도 안에서 우리가 바라는 것이 다만 이 세상의 삶뿐이면 모든 사람 가운데 우리가 더욱 불쌍한 자이리라(고린도전서 15:17-19).

성경은 예수님의 부활이 없다면 복음도 거짓이고, 우리의 믿음도 헛되고, 여전히 죄 가운데 있을 우리가 제일 불쌍하다고 말합니다. 만약 예수님이 부활하지 않으셨다면, 예수님의 십자가 죽음이 우리의 죗값을 치른 것인지, 예수님의 죗값을 치른 것인지 알 방법이 없기 때문입니다. 다시 말해서 "예수가 십자가에서 죽은 건 자기 죄 때문에 죽은 거겠지. 하나님께 저주받아서!"라고 해도 무어라 반박할 근거가 없는 것이지요. 그래서 늘 불안합니다. '이거 진짜 해결된 거 맞아? 예수님이 구원자가 아니시면 내 인생은 어떻게 되는 거야?' 하지만 예수님이 정말로 부활하셨다면, 그것은 곧 예수님이 정말로 하나님의 아들이신 동시에 사람의 아들이심이 증명되는 셈입니다.

예수님의 '의'는 세상보다 크신 하나님의 '의'입니다. 즉, 예수님의 의가 모든 피조물이 가진 불의(죄)를 다 합한 것보다 클 수밖에 없음을 의미합니다. 그래서 예수님이 가진 의는 모든 사람의 죗값을 다 지불하고도 남을 수밖에 없지요. 그렇게 되면, '죄'가 예수님을 노예처럼 '죽음'에 가둬둘 수 있을까요? 모든 죗값을 지불하고도 남았는데요? 그렇다면 죽음이 예수님을 가둬 둘 명분이 없어집니다. 결국 죽음은 예수님을 풀어줄 수밖에 없는 것입니다.

이것이 바로 죽음의 죽음! 죽음을 깨고 다시 사신 예수님의 부활 사건입니다. 정리하자면, 예수님의 부활은 예수님이 정말 하나님 되심의 증명이고, 그렇기에 예수님이 대속물의 역할을 다 감당하신 것의 증명이며, 우리의 죗값이 다 치러졌다는 증명입니다.

성결의 영으로는 죽은 자들 가운데서 부활하사 능력으로 하나님의 아들로 선포되셨으니 곧 우리 주 예수 그리스도시니라(로마서 1:4).

그렇다면 죗값을 대신 탕감 받은 우리는 어떻게 되는 것일까요? 우리 역시 죽음이 가두어 둘 수 없겠네요. 맞아요. 우린 죄의 문제를 해결했기에 하나님께 나아갈 수 있을 뿐만 아니라, 우리 역시 예수님처럼 부활하게 됩니다. 우리의 부활은 예수님이 다시 오실 때에 모두 함께 이루어질 것입니다.

우리가 예수께서 죽으셨다가 다시 살아나심을 믿을진대 이와 같이 예수 안에서 자는 자들도 하나님이 그와 함께 데리고 오시리라 우리가 주의 말씀으로 너희에게 이것을 말하노니 주께서 강림하실 때까

3부 예수님 The Solution 139

지 우리 살아남아 있는 자도 자는 자보다 결코 앞서지 못하리라 주께서 호령과 천사장의 소리와 하나님의 나팔 소리로 친히 하늘로부터 강림하시리니 그리스도 안에서 죽은 자들이 먼저 일어나고 그 후에 우리 살아남은 자들도 그들과 함께 구름 속으로 끌어올려 공중에서 주를 영접하게 하시리니 그리하여 우리가 항상 주와 함께 있으리라

(데살로니가전서 4:14 - 17).

그래서 생긴 예수님의 별명은 '부활의 첫 열매'랍니다. 이제 두 번째 열매는 저와 당신이 될 거예요. 그러니 이 땅의 육신이 연약해져도, 죽음의 순간이 오더라도 별로 두렵지 않아요. 이미 예수님이 행하신 일로 죽음이 깨어졌거든요. 우리는 죽어도 사는 자들입니다.

당신에게 온 해결책

이것이 하나님이 마련하신 해결책입니다. 죄로 인해 죽을 수밖에 없고, 하나님과 단절되어 행복할 수 없으며, 영원한 심판 앞에서 두려워 떨고 있는 우리를 위해 예수님이 오셨어요. 우리의 심각한 문제를 해결하기 위해 기꺼이 대속물이 되셨답니다.

창조주 하나님이 보잘것없는 사람의 모습으로, 죄인들 가운데 오셔서, 죄인들과 함께 지내시다, 죄인의 모습으로 십자가에서 돌아가셨어요. 정말이지 말도 안 되는 일이, 있어서는 안 되는 일이 일어난 것입니다. 그 끔찍한 십자가 위에서 돌아가실 때, 저와 당신의 죗값이 대신 치러졌어요. 그분의 찔림과 죽음과 단절로 우리는 죄를 해결하여 생명의 주인이신 하나님께 나아가게 되었습니다.

하나님이 죄를 알지도 못하신 이를 우리를 대신하여 죄로 삼으신 것은 우리로 하여금 그 안에서 하나님의 의가 되게 하려 하심이라(고린도후서 5:21).

친히 나무에 달려 그 몸으로 우리 죄를 담당하셨으니 이는 우리로 죄에 대하여 죽고 의에 대하여 살게 하려 하심이라 그가 채찍에 맞음으로 너희는 나음을 얻었나니 너희가 전에는 양과 같이 길을 잃었더니 이제는 너희 영혼의 목자와 감독 되신 이에게 돌아왔느니라(베드로전서 2:24 - 25).

그뿐 아니라 예수님은 죽음을 죽이시고 다시 사셔서 우리에게 죄 문제를 해결하셨다는 증거를 주셨어요. 죄 없는 자를 사망에 가두어 두지 않으시고 결국 어떻게 될 것인지를 친히 보여 주셨답니다. 예수님 안에 있는 우리 역시 마지막 날에 예수님과 같은 모습으로 부활할 것입니다. 이것이 하나님이 마련하신 솔루션입니다. 우리는 결코 해결할 수 없던 죄 문제를 하나님 편에서 홀로 다 해결하신 것입니다. 하나님이 그렇게 행하신 이유는 단 한 가지이지요.

하나님이 세상을 이처럼 사랑하사 독생자를 주셨으니(요한복음 3:16).

저는 이 사랑을 도무지 감당할 수가 없어요. 얼마나 놀라운 사랑인가요? 우리가 이보다 더 큰 사랑을 어디서 찾겠으며, 또 어떻게 보답

하겠어요? 그래서 하나님의 해결책을 만난 사도 바울은 터져 나오는 감격을 주체 못 해 이렇게 기록했답니다. 여러분에게도 이와 같은 기쁨의 고백이 있기를 바랍니다.

내게는 우리 주 예수 그리스도의 십자가밖에는, 자랑할 것이 아무것도 없습니다(갈라디아서 6:14, 새번역).

질문이 배송되었습니다

1. 죄를 해결하기 위해 당신이 해왔던 노력이 있다면 사소한 것이라도 나누어 주세요.

2. 죄의 해결과 관련하여 우리가 할 수 있는 것이 아무것도 없을 때 오로지 하나님 편에서 _____이라는 해결책을 마련하셨습니다.

3. 예수님은 우리의 구원자가 되기 위해 이 땅에 오신, 죄가 없으신 _____이신 동시에 우리와 같이 되셔서 돌아가실 수 있는 _____이십니다. 예수님이 이렇게 오셔야 했던 목적은 우리의 죗값을 대신 치르는 _____로 오셨기 때문입니다.

4. 예수님은 우리의 죄를 보여 주는 듯 끔찍한 _____에서 기꺼이 돌아가시며 우리의 죗값인 _____의 죽음과 _____의 죽음을 지불하셨습니다.

5. 십자가에서 돌아가신 예수님은 말씀대로 사흘 만에 _____하셨습니다. 이것은 죗값을 치르고도 의가 남으신 예수님이 _____이심을 증명하는 것이며, 그래서 십자가에서 우리의 죄가 해결되었다는 것을 보여 주는 확실한 증거입니다.

6. 죄를 해결한 우리는 죄에 갇혀 있을 수 없습니다. 때가 되면 우리 역시 예수님과 같이 _____하게 됩니다. 이 부활 때문에 삶에 대한 우리의 태도가 어떻게 달라질 수 있을까요?

7. 하나님이 이 솔루션을 마련하신 이유를 성경은 "하나님이 세상(당신)을 이처럼 사랑하사 독생자를 주셨다"라고 말합니다. 사랑하셔서 아들까지 내어 주시는 하나님의 사랑과 당신을 위해 십자가로 기꺼이 오르셨던 예수님을 볼 때 어떤 생각이 듭니까?

8. 3부 〈예수님〉을 읽으며 적어 두었던 "내가 생각하는 예수님은 _____ 입니다"는 어떻게 바뀌었나요? 새롭게 알게 된 예수님에 대해 당신의 생각을 써 주세요. 이후 하나님께 솔직한 마음을 올려 드리며 기도로 마무리합니다.

- Before

- After

답 2. 예수님 3. 하나님, 사람, 대속물 4. 십자가, 육신, 영 5. 부활, 하나님 6. 부활

믿는 것과 아는 일에 하나 되는 기도

"사랑이신 하나님, 죄로 인해 행복할 수 없고 절망할 수밖에 없는 우리에게 예수님이라는 놀라운 구원의 솔루션을 주셔서 감사합니다. 예수님이 우리를 위해 행하신 일을 알되 제대로 알게 하시어, 우리를 향한 하나님의 큰 사랑을 느끼게 하시고, 죄에서 해방되어 하나님 안에서 참된 행복을 누리는 유일한 구원의 길을 얻게 하소서. 우리를 위하여 생명까지 아끼지 않으신 예수님의 이름으로 기도합니다. 아멘."

우리에겐 구원이 필요해
나, 돌아갈래
입구 컷
입구에서 예수를 제시하세요
똑, 똑, 똑

4부

구원

The Problem Solving

1 우리에겐 구원이 필요해

"**구원**(救援): 어려움이나 위험에 빠진 사람을 구하여 줌"

(국립국어원 표준국어대사전)

지금까지 우리는 행복할 수 없다는 '어려움'과 영원한 형벌의 '위험'이 우리에게 있다는 사실을 살펴보았어요. 이 모든 문제의 원인인 죄에 대한 단 하나의 해결책, 예수님에 대해서도 알게 되었지요. 이제 당신을 어려움과 위험에서 건져 줄 구원이 필요합니다. 어떻게 그 구원을 얻을 수 있을까요? 예수님이 다 해결하셨는데 또 뭐가 필요하냐고요? 맞아요. 예수님이 해결책이 되어 주셨어요! 그런데 그 해결책이 바로 당신에게 적용되어야 합니다.

가령 인류 최대의 적인 암을 완치하는 신약이 드디어 개발되었다고 해보자고요. 이 소식은 모든 암 환자와 가족들에게 얼마나 기쁜 소식일까요!(정말 그렇게 되면 좋겠어요) 하지만 신약 개발에 성공했다고 해도 모든 환자의 암이 낫는 것은 아닐 수 있어요. 왜일까요? 그 신약을 얻지 못했거든요. '신약 개발 성공'이 곧 '그 암 환자의 완치'를 의미하지는 않아요. 이 둘 사이에는 '약을 그 환자에게 투여했다'라는 연결고리가 필요해요.

노파심으로 덧붙이자면 이것은 복음을 처음 듣는 사람뿐만 아니라 이미 교회에 출석해 온 사람 역시 다시 살펴야 할 아주 중요한 사안이랍니다. 훗날 예수님께 이런 말씀을 들을 수도 있기 때문이에요.

> 주여 주여 우리에게 열어 주소서 대답하여 이르되 진실로 너희에게 이르노니 내가 너희를 알지 못하노라 하였느니라(마태복음 25:11-12).

마지막 날 심판대에서 만난 예수님께 "주님!"하면서 손을 흔들었는데 그분이 "나, 너 모르는데?"라고 하시면 얼마나 당황스럽겠어요? 그때 예수님께 "저 모르신다고요? 제가 교회에서 새가족 교육도 받고, 예배도 드리고, 헌금도 하고, 찬양팀도 하고, 봉사도 하고 다 한걸요!"라고 소리쳐도 아무 소용이 없다는 거예요.

그렇잖아요. 남자와 여자 사이에 같이 영화를 보고 식사를 해도 착각하면 안 되잖아요. 두 사람 사이에 '고백'과 '수락'의 과정이 있어야 "우리 오늘부터 1일"이라고 할 수 있는 거예요. 그게 아니라면 훗날 "아니, 네가 내 남자친구라도 돼?"라는 이야기를 듣고 멘탈이 바사

삭 부서질 수도 있는 거예요! 마찬가지로 캠퍼스에서 같이 수업을 듣고, 동아리 활동도 하고, 심지어 과 대표를 했다고 해도 그가 입학한 사실이 없다면 당연히 졸업장을 받을 수 없어요. 그는 그저 대학생처럼 보이는 가짜 학생일 뿐입니다.

이미 구원을 받은 사람도 '내가 과연 어떻게 구원을 얻었는가?'를 성경을 통해 점검해 볼 필요가 있다는 것이죠! 이미 다 지어 놓은 건물도 정기적으로 안전 점검을 받는데, 우리 행복과 영원한 생명과 직결된 구원을 점검하는 일은 꼭 필요합니다. 과연 누가 구원을 얻을 수 있을까요? 어떻게 구원을 얻을 수 있을까요?

2 나, 돌아갈래

먼저 누가 구원을 얻을 수 있는 사람인지 살펴볼 텐데, 이를 위해 다시 '신약 개발' 이야기로 돌아가 봅시다. 만약 신약이 개발되었음에도 얻지 못하는 암 환자가 있다면 그 이유는 무엇일까요?

아마도 약값을 지불할 능력이 없어서 아닐까요? 약값이 엄청나게 비싸다면 그 약을 구매할 '재력이 있는 사람'들만 완치될 것입니다. 그게 아니라면 제조 난도가 매우 높아, 만들 수 있는 양이 극히 적은 것이죠. 수요가 공급보다 훨씬 많아서 발 빠르게 약을 얻은 사람만 완치가 될 거예요.

이미 구원의 솔루션이 있음에도 구원을 얻지 못한다면 이 때문일까요? 구원을 얻기 위해 우리는 얼마나 큰 비용을 지불해야 할까요? 놀라지 마세요. 무려… 값이 없습니다! 그렇다고 해서 구원을 가치 없는 것이라고 생각해서는 절대로 안 됩니다. 사실 구원에 들어간 비용은 상상을 초월합니다. 감히 값으로 환산할 수가 없답니다. 그 값이 '하나님 아들의 생명'이기 때문이에요. 다만 우리가 내야 할 비용이 없는 까닭은 그 모든 비용을 예수님이 십자가에서 일시불로 다 치르셨기 때문입니다. 따라서 구원은 비용을 감당할 수 있는 자나 발빠른 자가 아니라 값없이 누구나 얻을 수 있습니다.

> 성령과 신부가 말씀하시기를 오라 하시는도다 듣는 자도 오라 할 것이요 목마른 자도 올 것이요 또 원하는 자는 값없이 생명수를 받으라 하시더라(요한계시록 22:17).

누구든지 예수님께로 나오기만 하면 그분이 만들어 내신 놀라운 구원을 값없이 얻을 수 있습니다. 그런데 예수님의 이 말씀을 주의 깊게 들여다보면, 그분을 만난 사람들이 어떤 이들인지 알게 됩니다. "듣는 자", "목마른 자", "원하는 자"입니다.

이들의 공통점이 무엇일까요? 바로 자기의 상태를 아는 사람입니다. "듣는 자"는 '아! 내 안에 답이 없구나!'라고 깨달은 사람이에요. "목마른 자"는 자기 안에 결핍감을 느낀 사람입니다. "원하는 자"는 문제가 해결되기를 바라는 사람입니다. 그들은 누구일까요? 어떻게 예수님을 찾아간 것일까요? 성경은 이에 대해 두 가지를 말합니다. 죄를 깨닫고, 회개한 사람입니다.

죄인임을 깨달은 사람

바리새인의 서기관들이 예수께서 죄인 및 세리들과 함께 잡수시는 것을 보고 그의 제자들에게 이르되 어찌하여 세리 및 죄인들과 함께 먹는가 예수께서 들으시고 그들에게 이르시되 건강한 자에게는 의사가 쓸 데 없고 병든 자에게라야 쓸 데 있느니라 나는 의인을 부르러 온 것이 아니요 죄인을 부르러 왔노라 하시니라(마가복음 2:16 - 17).

예수님이 어떤 이들과 함께 식사하시는 모습을 보고 당시 종교 지도자들이 와서 질타했어요. 예수님은 당시 죄인이라고 여기던 자들과 어울리고 식사까지 하셨기 때문이죠. 이에 예수님은 이렇게 말씀하셨습니다. "건강한 사람은 의사를 찾을 일이 없지만, 병든 자는 의사를 찾는다." 그렇죠. 건강한 사람은 의사를 찾아가지 않습니다. 아픈 사람들이 가는 거죠.

더 정확하게 말하자면 자기가 아픈 줄 아는 사람이 병원에 갑니다. 아파도 아픈 줄 모르면 병원을 찾지 않아요. 예수님의 말씀에서 "병든 자"는 죄인을 가리킵니다. 예수님은 죄인에게 임한 육신의 죽음과 영의 죽음을 낫게 하는 '죄과 전문의'이시고요. 그래서 죄인들은 예수님을 찾고 결국 만나 치료를 받게 됩니다.

바로 이거예요! 누가 해결책이신 예수님을 찾는가 하면, 자기가 죄인인 줄 아는 사람입니다! 모든 사람이 죄인이고, 죄인이 아닌 사람은 없습니다. 이렇게 모두가 죄인인데 어떤 사람은 예수님을 찾아오고, 어떤 사람은 무관심하다면 어떻게 된 것일까요?

   죄인은 둘로 구분할 수 있어요. '자기가 죄인인 줄 아는 죄인'과 '자기가 죄인인 줄 모르는 죄인'. 그들 중에서 오직 '자기가 죄인인 줄 아는 죄인'만 예수님을 찾아옵니다. 이제 당신에게 묻고 싶어요! 당신은 '죄인인 줄 아는 죄인'인가요? '죄인인 줄 모르는 죄인'인가요?

   문제는 죄인이라는 사실을 자각하기가 굉장히 어렵다는 거예요. 여기에는 내부적인 어려움과 외부적인 어려움이 있어요. 내부적으로는 우리가 이미 원죄를 가진 채로 태어나기 때문에 죄가 '자연스럽다'는 거예요.

신혼부부는 정말 말도 안 되는 걸로 자주 싸웁니다. 수건은 몇 번까지 쓰고 빨아야 하는지, 침대에는 양말을 신고 올라가도 되는지 같은 걸로 말이죠. 예, 제 이야기예요….

왜 이런 갈등이 일어나는 것일까요? 자기가 자라온 환경에서는 지극히 당연하고 자연스러웠던 것을 상대방은 '옳지 않다'고 말하기 때문이에요. 자연스럽고 당연한 일을 다른 한 사람은 그렇지 않다고 하면 지금껏 살아온 삶이 부정당하는 느낌마저 들지요. 이처럼 사람들에게 그간 자연스러웠던 것을 죄라고 받아들이기란 쉽지 않습니다.

그런가 하면 외부적으로는 시대정신 때문입니다. 성경이 말하는 죄를 오늘날 대부분의 사람은 '좋은 것' 또는 '쿨한 것'으로 여깁니다. '자기 중심성'으로 살아가는 게 더 좋은 것이라고 부추기지요. 한때 큰 인기를 누렸던 대중가요들의 가사를 몇 가지만 살펴볼까요?

"My life 내 맘대로 살 거야 말리지 마 난 특별하니까 YEAH
남들의 시선 중요치 않아 내 style이 좋아."[10]

"괜찮지 않아 그런 건, 내 룰은 나만 정할래 yeah
볼 거야 금지된 걸 Never hold back 더 자유롭게.
…
보지 말람 보고 파 날 둘러싼 이 금기들 yeah 그날의 이브처럼
Take it on the chain, I know I like that."[11]

특정 가수가 잘못했다고 말하려는 것이 아니라 시대정신이 그렇다는 겁니다. 죄를 "좋아!"라고 말하는 세상에서 "그건 죄야!"라고 말하는 게 어디 쉽겠어요? 그래서 숨겨진 병을 발견하게 하는 X-ray 같은 정밀 검사기가 필요합니다. 그게 바로 성경입니다. 성경은 죄를 깨닫게 합니다.

> 그러므로 율법의 행위로 그의 앞에 의롭다 하심을 얻을 육체가 없나니 율법으로는 죄를 깨달음이니라(로마서 3:20).

> 그런즉 우리가 무슨 말을 하리요 율법이 죄냐 그럴 수 없느니라 율법으로 말미암지 않고는 내가 죄를 알지 못하였으니 곧 율법이 탐내지 말라 하지 아니하였더라면 내가 탐심을 알지 못하였으리라(로마서 7:7).

최첨단 의료기구가 우리 몸의 보이지 않는 곳까지 구석구석 살피며 질병을 찾아내듯, 하나님 말씀이 자아와 세상이 교묘히 감추려 하는 죄를 드러냅니다. 하나님 말씀을 통해 오직 자기의 죄인 됨을 발견한 사람들만 이 분야의 유일한 의사이신 예수님을 찾아가 구원을 얻습니다. 부디 당신이 '죄인인 줄 아는 죄인'이기를 바랍니다.

회개한 사람

"경로를 이탈했습니다!" 운전 중에 잘못된 길로 들어서면 내비게이션은 어김없이 돌아갈 길을 안내합니다. 그 음성을 듣고 '아! 내가 잘못된 길로 들어왔구나!'라고 깨달은 운전자는 가던 길에서 즉시 방향을 바꿉니다. 마찬가지로 죄인들에게도 내비[12] 음성이 들립니다.

> 악인은 그의 길을, 불의한 자는 그의 생각을 버리고 여호와께로 돌아오라 그리하면 그가 긍휼히 여기시리라 우리 하나님께로 돌아오라 그가 너그럽게 용서하시리라(이사야 55:7).

하나님의 이 음성을 듣고, 죄인임을 깨달은 사람은 사망으로 이어진 죄의 길에서 즉시 멈춰 하나님께로 나아갑니다. 이 과정은 '돌아온 탕자'라고 알려진 예수님의 비유에 잘 묘사되어 있답니다.

내가 일어나 아버지께 가서 이르기를 아버지 내가 하늘과 아버지께 죄를 지었사오니 지금부터는 아버지의 아들이라 일컬음을 감당하지 못하겠나이다 나를 품꾼의 하나로 보소서 하리라 하고 이에 일어나서 아버지께로 돌아가니라(누가복음 15:18 - 20).

이 비유에서 탕자는 아버지를 모욕하고 떠났다가 자기 죄를 깨달은 죄인입니다. 그는 비로소 자기가 잘못된 길로 떠나왔음을 깨닫고 한탄합니다. 그리고 모든 것을 공급해 주던 사랑 많은 아버지께로 가기를 결단하고 일어나 집으로 돌아갑니다.

이처럼 자기가 죄인임을 깨달은 사람은 돌이켜 하나님 앞으로 용서를 구하며 나아갑니다. 이것을 한 단어로 '회개'라고 해요. 구원에서 회개는 아주 중요합니다. 회개를 통해 정말로 '죄인 됨을 깨달은 죄인'인지 드러나기 때문입니다. 회개는 진정으로 죄를 깨닫지 않은 사람은 결코 가질 수 없는 태도입니다. 즉, 회개 없는 구원은 없습니다. 그럼에도 회개가 빠진 구원 이야기를 들을 때가 종종 있어요.

[사례_ 1]
"당신은 구원받았나요?"
"예, 교회에서 교육받고 세례도 받았으니까요."

[사례_ 2]

"저 오늘 구원받은 거 같아요! 설교를 듣고 나서 기도하는데, 하나님이 저를 안아 주신 것 같은 느낌이 들었어요!"
"그랬군요! 그래서 어떻게 했나요?"
"사랑받은 거 같아 눈물이 났어요. 그런데 제가 뭘 더 해야 하나요?"

[사례_ 3]
"당신은 어떻게 구원받았나요?"
"저는 교회를 다니면서 사람들과 같이 예배도 드리고 봉사도 하다 보니 자연스럽게 구원받았어요."

하지만 이것은 구원이 아니에요. 지식이 있다는 것을 구원받음으로 착각하면 안 됩니다. 지식이 구원을 준다면 종교학과 교수님들은 다 기독교인이 되어 있어야 합니다. 지식을 통해 회개가 일어나지 않았다면 아직 구원받았다고 확신해서는 안 됩니다.

또는 환희와 감격 같은 감정을 통해 구원받았다고 오해합니다. 그러나 역시 회개가 없다면 그 감정은 구원으로 인함이 아닙니다. 때로는 조명이나 드럼의 베이스 소리가 사람의 감정을 고양할 수도 있답니다.

그런가 하면 익숙해진 교회 문화 때문에 구원받았다고 오해할 수 있어요. 교회에 출석하며 예배하는 자리에 있고, 교회 사람들과 교제하며 나 역시 그들 중 한 명으로 생각하는 것이지요. '지식', '감정',

'문화'는 다 좋은 것들이고 의심할 여지 없이 다 중요합니다. 그러나 회개가 빠져 있다면 그것은 구원에 이르지 못한 것입니다. 여기에 만족해서 회개의 자리로 나아가지 않으면 오히려 없느니 못한 것이 됩니다.

미국의 경영 컨설턴트 짐 콜린스는 그의 저서 『좋은 기업을 넘어 위대한 기업으로』에서 "위대한 것의 가장 큰 적은 좋은 것"이라고 합니다. 우리는 위대하신 하나님께로 돌아가 그분이 주시는 것을 누려야 합니다. 아무리 좋은 것이라 할지라도 회개로 나아가게 하지 못한다면 오히려 적이 될 수 있다는 사실을 기억해야 해요. 회개는 우리의 구원과 신앙생활에 있으면 좋고, 없어도 괜찮은 것이 아니에요. 마틴 로이드 존스는 '회개'에 대해 이렇게 가르쳤답니다.

성경에 나타난 회심자들의 간증을 읽다 보면, 거기에는 회개라는 요소가 빠지지 않고 나타납니다. 성인들의 전기나 과거 하나님의 교회에서 두각을 나타낸 영적 거인들의 이야기를 읽다 보면, 자신의 삶에서 진정한 회심을 체험하고 하나님의 능력과 은혜를 맛본 사람들은 누구나 회개의 표징을 드러냈습니다. 그러므로 저는 회개 없는 구원은 없다고 서슴지 않고 말씀드립니다. 회개의 필요성이야말로 성경이 논쟁하지 않는 절대적인 것 중 하나입니다. 성경은 회개를 말할 뿐입니다. 성경은 회개를 자명한 일로 여깁니다. 회개하지 않고 그리스도인이 되는 것이 가당키나 하겠습니까? 회개의 의미를 깨닫지 못

하면서 기독교의 구원을 맛볼 수 있는 사람은 아무도 없습니다.[13]

자연스럽게 받는 구원은 없어요. 지금까지 살아왔던 길이 잘못된 길임을 깨닫고, 용서를 구하며 하나님께로 나아가는 회개 없이 구원받는 일은 결코 없답니다. 성경에는 회개라는 표현이 60번이나 나옵니다. 그중에서 예수님이 직접 하신 말씀 몇 구절만 소개할게요.

이르시되 때가 찼고 하나님의 나라가 가까이 왔으니 회개하고 복음을 믿으라 하시더라(마가복음 1:15).

너희에게 이르노니 아니라 너희도 만일 회개하지 아니하면 다 이와 같이 망하리라 … 너희에게 이르노니 아니라 너희도 만일 회개하지 아니하면 다 이와 같이 망하리라(누가복음 13:3, 5).

그러므로 네가 어떻게 받았으며 어떻게 들었는지 생각하고 지켜 회개하라 만일 일깨지 아니하면 내가 도둑같이 이르리니 어느 때에 네게 이를는지 네가 알지 못하리라(요한계시록 3:3).

구원에서 회개는 필수입니다. 회개한 자들이 구원을 얻어요. 그러니 죄의 길에서 돌이켜 하나님께로 돌아갑시다.

입구 컷

 죄인인 것을 알았다고요? 회개도 했다고요? 와! 너무 좋아요! 그런데 아직 한 가지가 남아 있어요. 하나님께 나아가 그분께로 들어가기 위해선 필요한 게 있기 때문이에요. 만약 그게 없다면 당신은 이른바 '입구 컷'을 당하게 된답니다. 조금 더 와닿게 예를 들어볼게요.
 그토록 기다리던 대작 영화가 드디어 개봉했어요. 당신은 상영시간에 늦지 않으려고 택시를 탔고, 관람 에티켓을 지키려고 미리 휴대폰을 진동모드로 바꿨고, 팝콘에 콜라까지 샀어요. 이제 시간이 되어 상영관으로 들어가려는데, 직원이 가로막는 겁니다. 그리곤 요구하는 게 있어요. 그게 뭘까요?
 맞아요, 티켓이에요. 극장에 왔다고 해서 상영관으로 다 들어가는 것은 아니에요. 오직 티켓을 가진 사람만 들어가서 영화를 볼 수 있답니다.

당신이 죄를 깨닫고, 회개하여 하나님께로 나아가 그분께로 들어가려고 해도 '입구 컷'을 당할 수밖에 없어요. 당신에게 '의'가 없다면 말이에요. 여기서 의란 '죄가 없는 상태, 거룩하신 하나님과 함께할 수 있는 상태'입니다. 즉, 여전히 죄의 문제가 해결되지 않았기에 하나님께로 나아갈 수가 없는 거예요.

> 주는 죄악을 기뻐하는 신이 아니시니 악이 주와 함께 머물지 못하며 오만한 자들이 주의 목전에 서지 못하리이다 (시편 5:4-5).

"아니, 아까는 돌아가면 '긍휼히 여기신다', '너그럽게 용서하신다'라고 했잖아요! 왜 아까랑 말이 달라요?"라고 의아해하고 있지는 않나요? 하나님은 긍휼이 많고 너그럽게 용서하시는 분이 맞아요. 얼마나 많은 성경 구절이 하나님의 인자하심을 말하는데요. 그러나 '용서'와 '정의'는 다른 문제랍니다. 예를 들어, 한 연쇄살인범이 붙잡혀서 재판받게 되었어요. 그는 자신의 큰 죄를 인정하고 피해자 가족에게 진심 어린 사과를 전했답니다. 다시는 그런 짓을 하지 않겠노라고 약속했어요. 그의 눈빛에서 마음이 전달됐는지 피해자의 가족들은 결국 그를 용서하기로 했답니다. 그러나 그 후 그는 사형을 당하게 되지요.

용서받으면 벌을 받지 않아도 되는 것일까요? 아니지요. 용서 이후에도 죗값은 치러야 하는 거예요. 그래서 앞서 인용한 '돌아온 탕자의 비유'에서 탕자는 "지금부터는 아버지의 아들이라 일컬음을 감당하지 못하겠고… 그저 나를 품꾼으로 봐주시면 좋겠다"라는 마음으로 돌아간 것입니다. 죄를 지은 자가 용서를 받았다고 이전의 죄가 없어진다면 그 사회는 유지되지 못할 거예요. 누가 그런 사회에서 살고 싶겠어요?

하나님은 사랑이 많으시고 너그러우시기에 우리가 잘못을 고하면 용서하십니다. 그러나 한편 하나님은 공정하시고, 정의로우신 분입니다. 죗값은 반드시 치러야 합니다. 만약 죗값을 치르지 않아도 된다고 말씀하시는 하나님이라면 그분은 정의로우신 분이 아닙니다. 우리는 그런 하나님을 상상할 수 없을뿐더러 신뢰할 수도 없을 거예요. 그렇기에 죄인은 하나님과 여전히 함께할 수 없어요. 죗값은 반드시 치러야 합니다.

입구에서 예수를 제시하세요

"하나님 앞까지 왔는데… 왜 들어가질 못하니…" 이 얼마나 절망적인 상황인가요? 여기까지 와서 포기할 수밖에 없는 것일까요? 아니요. 우리에겐 솔루션이 있잖아요! 바로바로 예수님이요! 십자가에서 우리의 죗값인 죽음을 대신 치르시기 위해 사람의 몸을 입고 오신 분! 그 예수님이 하나님께로 들어가는 문을 열고, 당신의 손을 잡고

함께 들어가 주실 때! 비로소 하나님께로 들어갈 수 있습니다. 이게 바로 하나님이 마련하신 방법이랍니다.

> 그들이 이 말을 듣고 마음에 찔려 베드로와 다른 사도들에게 물어 이르되 형제들아 우리가 어찌할꼬 하거늘 베드로가 이르되 너희가 회개하여 각각 예수 그리스도의 이름으로 세례를 받고 죄 사함을 받으라 그리하면 성령의 선물을 받으리니 이 약속은 너희와 너희 자녀와 모든 먼 데 사람 곧 주 우리 하나님이 얼마든지 부르시는 자들에게 하신 것이라 하고 또 여러 말로 확증하며 권하여 이르되 너희가 이 패역한 세대에서 구원을 받으라(사도행전 2:37-40).

여기에서 '예수님의 이름으로 세례를 받는다'라는 표현은 예수님이 십자가에서 행하신 돌아가심과 부활 사건이 나에게 적용된다는 의미입니다. 다시 말해, 개발된 신약이 환자에게 투약되는 것이며 '하나님이 마련하신 해결책 예수님'과 '나의 구원' 사이의 연결고리이지요. 그렇다면 예수님이 행하신 일은 어떻게 우리에게 적용될까요?

예수님을 믿음으로

해결책의 적용과 관련해서 가장 잘 알려진 구절은 요한복음 3장 16절입니다.

하나님이 세상을 이처럼 사랑하사 독생자를 주셨으니 이는 그를 믿는 자마다 멸망하지 않고 영생을 얻게 하려 하심이라(요한복음 3:16).

멸망하지 않고 영생을 얻는 구원은 예수님을 '믿음'에 달려 있습니다. 왜 믿음이 필요할까요? 구원과 예수님을 믿는 것이 무슨 관계가 있을까요? 이것을 알기 위해선 이 본문 바로 앞에 나오는 14, 15절을 보아야 합니다. 거기에 실마리가 있거든요.

모세가 광야에서 뱀을 든 것 같이 인자도 들려야 하리니 이는 그를 믿는 자마다 영생을 얻게 하려 하심이니라(요한복음 3:14-15).

실마리를 찾았나요? 바로 "모세가 광야에서 뱀을 든 것 같이"라는 말이 단서입니다. 이 사건은 구약 성경 민수기 21장에 기록되어 있답니다. 한번 읽어 볼까요?

백성이 하나님과 모세를 향하여 원망하되 어찌하여 우리를 애굽에서 인도해 내어 이 광야에서 죽게 하는가 이곳에는 먹을 것도 없고 물도 없도다 우리 마음이 이 하찮은 음식을 싫어하노라 하매 여호와께서 불뱀들을 백성 중에 보내어 백성을 물게 하시므로 이스라엘 백성 중에 죽은 자가 많은지라 백성이 모세에게 이르러 말하되 우리가 여호와와 당신을 향하여 원망함으로 범죄하였사오니 여호와께 기도하여 이 뱀들을 우리에게서 떠나게 하소서 모세가 백성을 위하여 기도하매 여호와께서 모세에게 이르시되 불뱀을 만들어 장대 위에 매달아라 물린 자마다 그것을 보면 살리라 모세가 놋뱀을 만들어 장대 위에 다니 뱀에게 물린 자가 놋뱀을 쳐다본즉 모두 살더라(민수기 21장 5-9절).

신기하게도 이 사건에는 우리가 앞서 살펴본 모든 내용이 그대로 들어가 있어요. 이스라엘은 하나님께 죄를 범했어요. 하나님은 그들의 죗값을 물어 형벌을 내리십니다. 이스라엘 사람들은 죄의 결과로 뱀에게 물려 죽게 되었지요. 백성들은 죽음의 위험 앞에 자기의 죄를 깨닫고 용서를 구하며 하나님께 나아가는 회개를 합니다.

그때 하나님이 모세를 통해 해결책을 마련해 주셨는데요. 놋으로 불뱀 모양을 만들어 나무막대에 높이 걸어 두고, 그것을 보는 자는 살리라는 것입니다. 잘 이해가 안 되지요. '놋뱀이 걸린 것'과 '살아나는 것' 사이에는 '놋뱀을 본다'라는 연결고리만 있는 거예요.

놋뱀을 보는데 왜 살아나나요? 물론 의미를 하나하나 찾으면 발견하기도 하겠지만 여기서 우리가 알아야 할 가장 중요한 것은 한 가지랍니다. 바로 이것이 '하나님이 지시하신 방법'이라는 점이에요. 하나님이 말씀하신 방법대로 한 사람들은 살았고, 명령을 끝내 따르지 않은 사람들은 죽었어요. 이것이 모세의 놋뱀 사건입니다.

예수님은 "모세가 광야에서 뱀을 든 것 같이 인자도 들려야 하리니"라고 하시며 '놋뱀 사건'이 구원의 본보기라고 말씀하십니다. 그

이스라엘 백성   **세상 사람들**

죄   죄

불뱀에 물려 죽게 됨   심판 받아 멸망 당함

장대에 매달린 놋뱀을 쳐다 봄   **십자가에 달리신 예수를 믿음**

살아남   영생을 얻음

렇다면 이제 우리는 놋뱀 사건을 통해 하나님이 우리에게 지시하신 것을 알아야 합니다. 놀랍게도 '놋뱀 사건'과 '십자가 사건'은 일대일로 대응합니다. 민수기의 이스라엘 백성들은 우리입니다. 그들처럼 우리 또한 하나님 중심이 아니라 자기 중심으로 살아가며 하나님께 반역했지요. 그 결과 둘 다 하나님의 진노로 멸망하게 되었어요.

   그런데 솔루션이 각각 주어졌는데요. 하나님이 이스라엘 백성을 위해 마련하신 것은 장대에 달린 놋뱀을 보는 것이었고, 우리를 위해 마련하신 것은 십자가에 달려 돌아가신 예수님을 믿는 것이에요. 장대에 달린 놋뱀을 쳐다본 이스라엘 백성들이 살아났던 것처럼, 십자가에 달려 돌아가신 예수님을 믿는 자마다 멸망치 않고 영생을 얻게 됩니다. 이것이 하나님이 우리에게 지시하신 방법입니다. 그래서 예수님을 믿으면 구원을 받는 것입니다.

예수님을 믿는다는 것

그렇다면 예수님을 믿는다는 것은 무엇일까요? 성경은 친절하게도 '예수님을 믿음으로 얻는 구원'에 대해 구체적으로 기록해 놓았답니다.

> 네가 만일 네 입으로 예수를 주로 시인하며 또 하나님께서 그를 죽은 자 가운데서 살리신 것을 네 마음에 믿으면 구원을 받으리라 사람이 마음으로 믿어 의에 이르고 입으로 시인하여 구원에 이르느니라 성경에 이르되 누구든지 그를 믿는 자는 부끄러움을 당하지 아니하리라 하니 (로마서 10:9-11).

여기에서 믿음의 두 가지 요소를 알게 됩니다. 첫 번째는 '입으로 예수를 주로 시인하는 것'이며, 두 번째는 '하나님이 그를 죽은 자 가운데서 살리신 것을 마음으로 믿는 것'입니다.

먼저 '입으로 예수를 주로 시인하는 것'부터 살펴볼게요. 여기서 '주'란 주인 곧 왕을 의미합니다. 즉, "예수님이 나의 주인이시며, 나의 왕이십니다!"라는 고백입니다. 이것은 우리 마음 속 중심의 변화입니다.

죄인의 특징이 하나님 중심성이 아니라 자기 중심성으로 사는 것이에요. 하나님의 왕권을 찬탈해 자기 스스로 왕이 되어 마음대로 살아가는 태도입니다. 그런데 예수님을 믿는다는 것은, 이제 예수님을 '나의 왕'으로 모시는 것입니다. 지금껏 스스로 왕이라고 주장하며 쓰고 있던 왕관을 벗어 예수님께 내어드리는 것! 이것이 바로 믿음입니다.

두 번째로 '하나님이 그를 죽은 자 가운데서 살리신 것을 마음으로 믿는 것'은 우리가 믿는 '믿음의 내용'입니다. 곧, 예수님이 우리의 죗값을 치를 대속물로 오셨고, 우리가 받아야 할 모든 죄의 형벌을 십자가에서 다 감당하셨기에 우리의 죗값이 완전히 치러졌고, 이를 통해 하나님과 우리의 단절되었던 관계가 회복되었으며, 육신 역시 생명을 얻어 부활한다는 사실을 받아들이는 것입니다.

이처럼 믿음은 두 가지 요소로 되어 있어요. 전자가 "믿을게!"라는 의지적인 믿음이라면, 후자는 "믿을 수밖에 없네"라는 수용으로서의 믿음이라고 할 수 있지요. 성경이 말하는 믿음은 이 두 가지 모두를 포함합니다. 이것이 아주 중요해요. 이 두 가지 믿음은 떼려야 뗄 수 없는 동전의 양면이에요. 앞서 인용했던 로마서 10장을 보세요. '예수를 입으로 시인하는 것'과 '예수의 십자가 사건을 믿으면 구원받는다'고 말한 후에 굳이 똑같은 이야기를 순서만 바꿔서 반복하듯 말합니다. 저는 이런 디테일을 통해 친절하신 우리 하나님의 배려를 느낍니다. 혹시라도 우리가 이 두 가지 믿음을 다른 것이라고 여길까 하여 세심히 기록해 주신 것이지요.

즉, 입으로 시인하는 것은 마음으로 믿었기에 일어나는 태도의 변화입니다. 다시 말해서 수용하는 믿음이 의지하는 믿음으로 이어진다는 의미입니다. 이것은 '구원을 얻는 믿음'과 관련하여 아주 중요한 기준이 됩니다.

때로 사람들은 '부족한 믿음'이나 '믿음이 아닌 것'을 '구원받았다'라고 착각할 수 있어요. 예를 들어 복음을 들은 어떤 사람들은 "그래요. 뭐 좋은 게 좋은 건데 한번 믿어볼게요"라고 합니다. 그들은 표면적으로는 '태도의 변화'라는 의지적인 믿음이 있는 것처럼 보입니다. 그러나 실상 그들은 예수님이 우리를 어려움과 위험에서 구하시기 위해 마련된 유일한 해결책이며, 우리의 대속물로 오셨다는 사실을 수용하는 믿음은 없어요.

그런가 하면 예수님이 십자가에서 행하신 일을 전적으로 받아들이고 믿는다고 말하면서도 삶의 태도에서 여전히 자기가 주인이며, 왕관을 벗으려는 의지가 전혀 없다면 그 역시 정말로 믿음을 수용한 것이 아닐 수 있어요.

구원에 이르는 믿음이란 예수님이 행하신 일을 마음으로 받아들이고, 죄의 종이던 나를 위해 값을 치르신 예수님을 나의 주인으로 삼는 것, 그분께 왕관을 내어드리는 것입니다. 이제 '예수님을 믿는다'라는 것이 무엇을 의미하는지 알겠지요? 그럼 다시 질문합니다. 당신은 예수님을 믿나요? 그렇다면 다음 페이지에서 들리는 소리에 반응하면 됩니다!

똑, 똑, 똑(Crucial encounter)

보아라, 내가 문밖에 서서, 문을 두드리고 있다. 누구든지 내 음성을 듣고 문을 열면, 나는 그에게로 들어가서 그와 함께 먹고, 그는 나와 함께 먹을 것이다(요한계시록 3:20, 새번역).

똑, 똑, 똑!
들리나요? 예수님이 당신의 마음 문을 두드리시는 소리입니다. 오래전부터였어요. 예수님은 당신 마음에 노크하기를, 당신의 이름을 부르기를 멈추지 않으셨답니다. 때로는 당신 곁의 친구나 동료의 목소리를 통해서, 어느 때에는 당신을 찾아온 기적 같은 일을 기뻐하는 음성으로, 마음이 내려앉는 힘든 일을 겪을 때에는 위로로, 또 이렇게 손에 들린 책으로 당신을 찾아오셨지요. 예수님은 당신이 행복하기를 바라신답니다. 당신이 생명을 얻고 하나님 안에서 더욱 풍성하

게 얻기를 바라세요. 당신을 알고, 당신을 사랑하시는 그분은 당신과 동행하기를 바라십니다. 이제 예수님의 이 노크 소리가 들린다면 당신이 할 일은 닫힌 마음의 문을 열고 예수님을 맞아들이는 것입니다. 그러면 예수님은 놀라운 선물을 들고 당신 마음에 들어가 함께하실 거예요. 끝까지 떠나지 않고 영원히 함께.

하나님이 창조하신 사람의 원래 상태가 무엇이었는가를 떠올려 보세요. 행복할 수 있고, 행복할 수밖에 없던 우리였어요. 하지만 하나님과의 관계를 깨뜨리고, 하나님이 주시는 조건 없는 사랑과 인생의 목적과 생명을 잃게 하고, 영원한 형벌을 받게 만든 죄! 바로 그 죄가 당신 안에 있어요. 예수님의 노크 소리에도 불구하고 죄의 종이 되어 계속 그 길을 간다면, 결국 채워지지 않는 공허함과 영원한 형벌이 있을 뿐입니다. 이제 하나님의 음성을 듣고 죄를 향해 가던 길을 멈추고 "나 돌아갈래!" 회개하며 하나님께로 방향을 바꾸세요.

하나님은 당신이 멸망하지 않을 유일한 해결책을 이미 준비하셨어요. 하나님의 아들이신 예수님이 인간의 몸을 입고 십자가에서 돌아가시고 부활하신 것입니다. 예수님은 당신을 위해 이 모든 일을 기꺼이 감당하셨어요. 예수님은 십자가에서 육신의 죽음뿐만 아니라 영의 죽음까지도 다 겪으시고, 하나님과 우리의 끊어졌던 관계를 회복하셨답니다.

하나님은 당신이 예수님을 믿을 때 이 모든 일이 당신에게 적용된다고 약속해 주셨어요. 예수님을 믿는다는 것은 예수님이 십자가에서 행하신 일을 나의 마음으로 수용하는 거예요. 그리고 지금껏 쓰고 살던 나의 왕관을 벗어서 예수님께 내어드리는 것입니다. 예수님을 죄와 사망에서 값을 지불하고 나를 사신 주인이자 왕으로 고백하는 거예요. 그때 우리는 하나님이 주시는 구원을 얻게 됩니다! 생명을 얻고, 하나님과의 관계를 회복하고, 참되고 영원한 기쁨을 얻게 됩니다!

이 사실이 믿어지나요? 그렇다면 하나님께 고백합시다. 마음을 열고 예수님을 나의 왕으로 모신다고, 예수님의 십자가와 부활이 나의 죗값을 지불하고 하나님께로 들어가게 했다고, 그렇게 고백하면 됩니다. 혹 어떻게 해야 할지 잘 모르겠다면 다음의 기도문을 따라 읽으며 진심으로 고백합시다.

"하나님! 저는 죄인입니다. 지금껏 하나님이 아니라 저 스스로 주인 된 삶을 살면서 하나님께 반역했습니다. 저는 이 죄로 인해서 죽을 수밖에 없지만, 하나님이 저를 위해 마련해 주신 방법이 있다는 것을 알게 되었습니다. 저는 예수님이 저의 죗값을 대신 갚아 주시기 위해 십자가에서 돌아가신 것과 또 나를 위하여 부활하신 것을 받아들입니다. 이제 제 왕관을 벗어서 당신께 돌려 드립니다. 저의 주인이 되시고, 왕이 되셔서 저를 온전하게 다스려 주세요. 예수님의 이름으로 기도합니다. 아멘."

예수님을 영접했나요? 그분이 당신의 주(主)가 되셨나요? 이제 예수님이 당신의 마음에 들어오셔서 당신과 함께하실 것입니다. 이 만남이 당신의 모든 것을 완전히 바꿀 '결정적인 만남'이 될 거라 확신해요. 사실, '결정적인 만남'이라는 영어 표현 'Crucial encounter'에서 'Crucial'은 라틴어 'Crux'로 십자가를 의미합니다. 예수님과의 만남이 당신의 모든 것을 완전히 바꿀 것입니다.

당장은 아무런 변화가 없는 것처럼 보일 수 있어요. 하지만 이제부터 예수님이 당신의 마음과 삶의 주인이 되셔서 당신의 삶을 새롭게 바꿔가기 시작하십니다. 더 이상 죄가 당신을 다스릴 수 없어요. 한 나라의 대통령이 바뀌어도 많은 것이 달라지는데, 온 세상의 왕이신 예수님이 당신의 마음을 다스리기 시작하셨으니, 이전의 삶과는 완전히 다른 새로운 삶이 시작되는 거예요. 기대해도 좋아요!

> 그런즉 누구든지 그리스도 안에 있으면 새로운 피조물이라 이전 것은 지나갔으니 보라 새것이 되었도다(고린도후서 5:17).

자, 새롭게 시작된 당신의 삶을 축복합니다. 예수님 안에서 날마다 행복한 시간을 누려가기를! 당신의 어려움과 위험을 해결하신 하나님께 감사와 영광을! 생명을 내어 주시어 우리의 왕이 되신 예수님께 목소리 높여 찬양을!

복음을 들고
너에게 갈게

질문이 배송되었습니다

1. 우리에게는 _____이 필요합니다. 이것은 예수님이 행하신 일이 나에게 _____ 되는 것을 의미합니다.

2. 구원은 자기가 _____이라는 사실을 알고, _____의 길에서 돌이켜 _____ 앞으로 나아가는 _____한 자가 얻을 수 있습니다. 당신에게는 이 두 가지가 있었나요? 그때 심정이 어떠했는지 정리해 봅시다.

3. 당신이 죄를 용서받으려면 하나님이 마련하신 해결책인 _____을 _____ 합니다. 이스라엘 백성들이 장대에 걸린 놋뱀을 _____ 때 산 것과 같이, 우리는 십자가에 달리신 _____을 _____으로 멸망치 않고 영생을 얻게 됩니다.

4. 예수님을 믿는다는 것은 하나님이 그분을 십자가에서 죽게 하시고 살리신 것을 _____에 수용하는 것이며, 또 그분을 _____라고 시인하는 것을 말합니다. 당신은 이 믿음이 있나요?

5. 지금껏 예수님이 당신 마음의 문을 계속해서 노크하셨다는 사실을 깨달았나요? 당신을 향한 예수님의 노크는 어떤 것들이었나요? 당신을 포기하지 않으신 예수님의 모습에 어떤 생각이나 감정이 생겼나요?

6. 예수님을 믿는 사람은 _____을 받고 _____ 삶을 살아가게 됩니다. 구원받은 사람으로서 앞으로 어떻게 살아가기를 기대하나요? 혹, 아직 잘 모르겠다면 이후 어떻게 도움을 받기 원하나요?

7. 4부 〈구원〉을 읽으며 인생의 주인이 어떻게 달라졌나요? 내 삶과 마음의 주인이신 예수님께 어디까지 맡길 수 있나요? 결단한 마음을 정리한 후에 기도합시다.

- Before

- After

> 답 1. 구원, 적용 2. 죄인, 죄, 하나님, 회개 3. 예수님, 믿어야, 볼, 예수님, 믿음 4. 마음, 주 6. 구원, 새로운

믿는 것과 아는 일에 하나 되는 기도

"하나님! 어려움과 위험에서 우리를 구해 주셔서 감사합니다. 제가 죄인임을 깨닫고 회개하게 하시고, 지금까지 포기하지 않으시고 제 마음에 찾아와 주시니 감사합니다. 이제 예수님이 십자가에서 행하신 일을 믿고, 예수님을 마음에 영접합니다. 나의 왕관을 벗어 예수님께 드리니 내 인생의 주인이 되셔서 나의 모든 것을 다스려 주세요. 그것이 나의 행복을 넘치게 할 것임을 믿습니다. 오늘 이 만남이 제 인생을 바꾸는 결정적인 만남이 되기를 기대합니다. 예수님의 이름으로 기도합니다. 아멘."

해피 엔딩? 해피 비기닝!
스타터 키트 ① 내가 정말 구원받은 게 맞나요?
스타터 키트 ② 내 삶에 일어난 변화는 무엇인가요?
스타터 키트 ③ 앞으로 어떻게 살아야 할까요?
해피 엔딩을 향하여 '킵 고잉'!

5부

신자의 삶

The New Identity

해피 엔딩? 해피 비기닝!

우리가 좋아하는 동화 〈백설 공주〉, 〈미녀와 야수〉, 〈잠자는 숲속의 공주〉, 〈신데렐라〉 등의 공통점은 '구원'이 곧 끝이라는 겁니다. 어려움과 위험이 해결되고 입맞춤하는 왕자와 공주, 그 뒤로 "The End"라는 자막이 떠오르며 "그리고 오래오래 행복하게 살았답니다"

라는 내레이션으로 암전되지요. 이런 마무리를 '해피 엔딩'이라고 부릅니다.

사람들이 이 이야기들을 좋아하는 이유는 그들 역시 해피 엔딩을 꿈꾸기 때문이겠지요? 하지만 동화는 동화일 뿐, 우리 인생은 "그리고 오래오래 행복하게 살았답니다"로 마무리되지 않는 것으로 보입니다. 우리는 잘 알고 있어요. 공부의 엔딩은 대학이 아니고, 연애의 엔딩은 결혼이 아니며, 이력서와 자기소개서의 엔딩은 취업이 아니에요. 현실의 우리 이야기는 그러한 엔딩 없이 또 다른 어려움과 위기로 계속 이어집니다.

구원받은 신자의 삶 역시 '해피 엔딩'이 아닙니다. '해피'는 맞는데, '엔딩'이 아니기 때문이에요. 구원받은 신자의 삶은 '해피 비기닝'입니다. 이제 어려움과 위기가 해결된 진짜 행복한 삶이 시작됩니다! 그리고 마침내 진정한 끝을 맺기까지 계속 이 길을 걸어가야 합니다. 존 번연의 『천로역정』에서 가장 인상 깊은 장면을 꼽으라면 저는 언제나 망설임 없이 주인공 크리스천이 십자가 앞에 서는 장면을 꼽습니다. 그때 그가 짊어진 죄의 짐이 어깨에서 끊어져 골짜기 아래로 굴러떨어집니다.

이 장면이 가장 인상 깊었던 이유는 이것이 소설의 마지막이 아니라 초반부이기 때문입니다. 즉, 거기서부터 진정한 크리스천의 삶이 시작되는 것입니다. 우리는 구원을 얻음으로 '엔딩'을 맞지 않아요. 오히려 진정한 시작의 자리에 서게 됩니다.

　이제 끝이 아니라 새로운 시작 앞에선 당신을 위해 선물을 준비했어요. 당신이 계속 이 길을 걸어가되 끝까지 잘 갔으면 해요. 처음 가보는 길이지만 강하고 담대히 가길 바랍니다. 그래서 당신이 이 길을 더 잘 걸어가도록 〈신자의 삶 스타터 키트〉를 갖고 왔어요. 두둥!
　이 키트 안에는 시작 지점에 선 많은 신자들을 넘어지게 하고, 멈추게 하고, 이탈하게 했던 곤란한 질문들 "내가 정말 구원받은 게 맞나요?", "내 삶에 일어난 변화는 무엇인가요?", "앞으로 어떻게 살아야 할까요?"를 해결할 도구들이 들어 있답니다. 즉, 신자의 '확신, 자아 정체성, 삶의 방식'에 대한 가이드입니다. 이 키트를 활용해 넘어져도 곧 일어나고, 멈췄다가도 다시 나아가고, 좌로나 우로 치우치지 않고 곧게 가기를! 당신의 삶이 진정한 해피 엔딩이 될 뿐만 아니라 그 모든 과정까지도 행복하기를!

2 스타터 키트 ① 내가 정말 구원받은 게 맞나요?

자, 이제 〈신자의 삶 스타터 키트〉를 같이 언박싱해 봅시다.

스타터 키트에서 가장 먼저 개봉할 상자는 '확신의 토대'라고 적혀 있는 상자입니다. "내가 정말 구원을 받은 게 맞나요?"라는 질문에 대한 대답이지요. 이것은 앞으로 '신자의 삶'이 세워지는 토대이기에

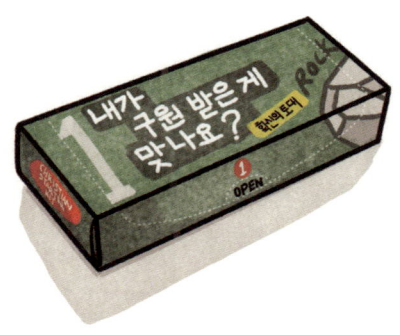

가장 먼저 살펴야 할 중요한 내용입니다. 건물을 지을 때도 어떤 지반 위에 세우는지가 중요하기 때문입니다.

그 아무리 탁월한 건축가가 설계했다고 해도, 고가의 견고하고 아름다운 자재가 있다고 해도, 신뢰할 만한 장비와 인부들이 있다고 해도, 건물을 세울 지반이 튼튼하지 못하다면 그 공사는 위태로울 수밖에 없어요. 건물을 짓는 과정에서 갑자기 허물어져 내릴 수도 있고, 완공되더라도 외부에서 강풍이나 폭우, 지진과 같은 재해가 엄습할 때마다 늘 불안할 거예요.

신자의 삶 역시 마찬가지랍니다. 그래서 본격적으로 신자의 삶을 세워가는 신앙생활을 하기에 앞서, 과연 우리의 토대가 튼튼한지 먼저 확인해야 해요. 당신의 지반, 그러니까 구원의 확신은 어디에 근거를 두고 있나요?

"＿＿＿＿＿＿＿를 근거로 제가 구원받은 것이 확실합니다!"

모래 지반: 나

당신이 어떤 대답을 했을지 궁금합니다. 그런데… 혹시나 해서 묻는데요. 당신의 답변이 다음의 유형 중에 있지는 않나요? 한번 살펴보세요.

자기 확신형	"내가 믿으니까요! 내가 예수님을 믿고, 구원받은 것을 믿으니까요!"
감정 고양형	"요즘 제 안에 기쁨이 넘치는 것을 보니 제가 구원받은 게 맞아요!"
상황 관찰형	"주변에 좋은 일이 많이 생기고 잘 풀립니다. 하나님이 주시는 복을 받기 때문이겠지요. 그러니 구원받은 게 맞아요."
감각 수용형	"어느 날 기도하다가 뒤에서 누군가가 껴안는 것을 느꼈어요. 저는 여기에서 큰 위로를 얻었어요. 하나님이 저를 안아 주셨어요."
행동 변화형	"요즘 저는 큐티하는 시간이 너무 즐거워요. 더 이상 가요를 듣지 않아요. 학교나 직장을 오가는 길에는 늘 찬양을 듣고요. 제가 이렇게 변한 건 구원받은 증거라고 생각해요."

이 중 어떤 것이라도 당신의 답변이 있다면, 모래 지반처럼 무너질 토대 위에 신자의 삶을 세우려 한 거예요. 일단 오해하면 안 되는 것은 이 각각의 유형들은 다 좋은 것이라는 점이에요. 진심으로 당신이 모두 경험하면 좋겠어요.

다만 이 좋은 것이 신앙생활의 토대인 '구원의 확신'일 수는 없다는 것이지요. 왜 그럴까요? 이 유형들은 '변하기 쉬운 것'이기 때문입니다. 변하는 것에 터를 세울 수는 없어요.

예를 들어볼게요. 한 부자가 살고 있는 마을에 적국의 군대가 침략했다는 소식이 들렸어요. 부자는 재산을 숨겨 두고 피난을 떠나기로 했어요. 어디에 숨겨 두면 아무도 발견하지 못할까, 고민하던 그는 큰 나무 그림자 아래 숨겨 두기로 했어요.

시간이 지나 무사히 고향으로 돌아온 부자는 재산을 찾기 위해 큰 나무의 그림자 아래를 팠어요. 에구머니나! 아무리 땅을 파도 그의 재산이 나오질 않는 겁니다. 어떻게 된 일일까요? 그림자의 위치가 바뀌었기 때문이에요. 아침에 서쪽을 향하던 그림자는 저녁이 되면 동쪽을 향해 기울고, 그림자의 길이도 태양의 위치에 따라 수시로 달라집니다. 그는 재산을 움직이는 곳에 묻을 것이 아니라, 절대로 움직이지 않는 곳에 묻어야 했던 거예요. 이처럼 "내가 믿으니까요"라는 자기 확신에 구원의 근거를 두면 어떻게 될까요? 영적 침체에 빠지거나, 믿음에 의심이 생길 때마다 "나는 구원받은 게 아니었구나"라고 말하게 될 겁니다.

두 번째, "요즘 제 안에 기쁨이 넘쳐요"라며 감정을 구원의 근거로 삼는다면 앞선 사례보다 더 심각한 어려움이 초래됩니다. 사람의 감정은 아침저녁으로 바뀌고요, 비가 오면 우울해졌다가, 햇살이 비치면 또 기분이 좋아지지요. 심지어 우리의 감정은 도파민, 엔도르핀, 아드레날린, 세로토닌 같은 호르몬에 영향을 받아 바뀌기도 해요. 우리 안에 기쁨이 넘칠 때는 괜찮지만, 슬픔이 찾아오거나 우울한 감정이 마음을 채우면 구원의 확신도 그에 따라 롤러코스터를 타게 됩니다.

세 번째로, 많은 이들이 상황의 변화에 구원의 확신을 두는 경향이 있어요. "큰 병에 걸렸는데 하나님이 낫게 해주셨어요. 그걸 보니 제가 구원받은 게 맞아요!" 네, 병으로부터 고쳐 주신 하나님께 감사드

려요. 그러나 상황이 바뀌어 더 큰 문제를 만나면 그는 "하나님이 나를 버리셨어요"라고 말하게 되지 않겠어요?

네 번째로, 감각적 경험을 구원의 근거로 삼기도 해요. "오늘 기도할 때 누군가 뒤에서 안아 주는 것 같은 느낌이 들었어요!"라든가 "눈을 떴는데 예수님이 보였어요!" 같은 일이지요. 그런데 우리의 감각기관은 너무나 쉽게 착각에 빠지기에, 감각에 구원의 확신을 둘 수는 없답니다.

마지막으로, 변화된 내 삶의 모습에 근거를 두면 어떨까요? 물론 삶의 변화라는 열매를 통해 그가 구원받았음을 유추할 수 있어요. 틀린 말이 아니에요. 하지만 저는 매년 큐티를 시작하거나 기도 시간을 작정하고도 지속하지 못하는 수많은 사람을 만났답니다. 그러면 그들은 구원을 잃은 것일까요?

결국 이 유형들이 구원의 근거일 수 없는 까닭은 자기 자신에게서 구원의 근거를 찾으려 하기 때문이에요. 신자의 확신, 감정, 상황, 감각, 변화된 행동 등에 구원의 확신을 두려는 것이지요. 그러나 사람은 너무나 쉽게 변하는 존재랍니다. 오죽하면 조변석개 같은 사자성어가 다 있겠어요? 그러니 우리 자신 위에 신자의 삶을 세우는 것은 그야말로 해변의 모래 위에 건물의 기초를 두는 것과 같아요. 많은 신자가 자기 자신이라는 근거 위에 신자의 삶을 세우다가 중단되거나 붕괴되었어요. 그렇다면 우리의 건강하고 흔들림 없는 토대는 어디에 있을까요?

5부 신자의 삶 The New Identity

반석 지반: 하나님

성경은 분명하게 우리 구원의 근거를 하나님께 두라고 합니다.

너희는 그 은혜에 의하여 믿음으로 말미암아 구원을 받았으니 이것은 너희에게서 난 것이 아니요 하나님의 선물이라 행위에서 난 것이 아니니 이는 누구든지 자랑하지 못하게 함이라(에베소서 2:8 - 9).

구원의 근거는 우리에게 있는 것이 아니에요! 구원은 하나님이 선물로 주신 거예요. 그렇다면 이제 그 하나님이 과연 튼튼한 토대가 되시는지 확인해야겠지요? 하나님 역시 우리처럼 수시로 변하는 일관성 없으신 분이라면, 그래서 기분 좋게 구원을 선물하셨다가 기분이 상하면 도로 빼앗는 분이라면, 그때는 정말 우리는 어디에서도 구원의 확신을 얻을 수 없을 거예요. 그러나 성경은 하나님이 결코 변함이 없으신 분이란 것을 알려 줍니다.

온갖 좋은 은사와 온전한 선물이 다 위로부터 빛들의 아버지께로부터 내려오나니 그는 변함도 없으시고 회전하는 그림자도 없으시니라 (야고보서 1:17).

하나님은 그림자처럼 시간에 따라 회전하거나, 길이가 달라지는 분이 아니세요. 언제나 변함이 없으시기에 마땅히 신뢰할 수 있는 분입니다. 그렇기에 하나님은 우리 구원의 흔들림 없는 반석이십니다. 그 하나님이 구원을 선물로 주셨어요. 우리에게서 구원의 근거를 찾지 않아도 되는 것이 얼마나 다행인가요?

"잠시만요, 구원을 선물로 받은 거라고요? 그래서 나한테는 전혀 근거가 없다고요? 회개하고 예수님을 믿은 것은 제 의지였어요. 예수님을 주인으로 마음에 모신 것도 저였다고요. 설령 하나님이 선물을 주셨다고 해도 받을 건지 말 건지는 제가 선택하는 건데, 오히려 구원의 근거를 제가 한 일에서 찾는 게 맞지 않나요?"

오우! 날카로운 지적이죠? 아주 좋은 질문이에요. 맞아요. 그래서 하나님이 어떻게 구원을 선물로 주시고, 우리가 어떻게 그 구원을 얻게 되었는가에 대한 아주 중요한 구원의 원리, '거듭남'을 알아야 합니다. 거듭남은 말 그대로 '다시 태어남'을 뜻해요. 보통 감옥에 다녀온 사람 또는 연인에게 큰 실수를 한 사람이 사용하더라고요. "이전의 제가 아니에요. 다시 태어났어요", "자기야, 나 이제 다시 태어났어. 다신 안 그럴게"라고 말이죠. 이전 삶의 태도를 버리고 새로운 자세로 살겠다고 결단할 때 자주 언급됩니다.

그런데 이제부터 이야기할 '거듭남'은 그 의미가 전혀 다르답니다. 이 거듭남은 결단이 아니라 실제적인 사건이기 때문입니다. 자세한 설명을 하기에 앞서서 다음 두 가지 표현 중에 어떤 것이 당신에게 일어난 구원이라고 생각하나요? 하나만 골라 보고, 그 이유도 생각해 보세요.

1. 나는 예수님을 믿어 구원받아 다시 태어났다.   □
2. 나는 다시 태어나서 예수님을 믿고 구원받았다.   □

무엇을 골랐나요? 1번이라고요? 그런데 성경은 1번이 아니라 2번이 거듭남의 바른 표현이라고 합니다. 사실 1번은 절대적으로 불가능한 일이에요. 앞서 살폈듯 영이 죽은 죄인은 영이신 하나님에 대한 감각이 없어요. 그래서 자기가 죄인인지도 알 수 없고, 예수님을 마음으로 믿을 수도 없고, 그분을 주로 고백할 리가 없어요. 그렇다면 과연 우리의 구원은 어떻게 일어난 것일까요?

많은 신자가 자기가 받은 구원을 '구명튜브 붙잡기'라고 생각해요. 급류에 휩쓸린 사람은 스스로 나올 수 없어 허우적거리기만 합니다. 이대로 가다간 곧 절벽으로 떨어져 죽게 될 것입니다. 그때 그 사람 앞으로 '휘리릭' 소리와 함께 어디선가 로프가 달린 구명튜브가 날아오며 누군가 외칩니다. "그 튜브를 잡아! 그래야 살아! 강에서 건져 내 줄게!" 그래서 그 사람은 구명튜브를 붙잡았고, 폭포에 떨어지기 전에 생명을 건질 수 있었다는 것입니다. 이 비유에서 급류에 빠진 사람은 '죄인'을 상징합니다. 구명튜브는 하나님이 던지신 '예수님'입니다. 그래서 죄인이 '예수님을 붙잡아야 살 수 있다'는 것을 이해하기 쉽게 설명합니다.

그런데 말입니다. 그날의 사건은 그렇지 않았답니다. 사실, 급류에 휩쓸린 사람은 강 밖에 있는 누군가 구명튜브를 던지며 "이걸 붙잡아!"라고 해도 절대로 붙잡을 수가 없어요. 왜냐하면 그는 강물에 빠졌을 때 이미 죽었기 때문이에요. 죽은 사람은 그 어떤 소리를 들을 수 없고, 무엇도 붙잡을 수가 없지요. 이것이 바로 죄인의 상태입니다. 성경은 죄인이 이미 죽었다고 선언합니다.

> 그는 허물과 죄로 죽었던 너희를 살리셨도다 그때에 너희는 그 가운데서 행하여 이 세상 풍조를 따르고 공중의 권세 잡은 자를 따랐으니 곧 지금 불순종의 아들들 가운데서 역사하는 영이라 전에는 우리도 다 그 가운데서 우리 육체의 욕심을 따라 지내며 육체와 마음의 원하는 것을 하여 다른 이들과 같이 본질상 진노의 자녀이었더니(에베소서 2:1-3).

저와 함께 그날의 실제 상황으로 돌아가 봅시다. 물에 빠진 사람은 이미 익사해서 급류에 휩쓸려 절벽으로 향하고 있었어요. 바로 그때 '구명조끼를 입은 한 사람'이 물속에 뛰어들어 익사한 사람을 끌어안았어요. 그러자 놀라운 일이 일어났어요! 분명히 죽었던 자의 심장이 뛰고 눈이 뜨이고, 호흡이 돌아와 자기를 끌어안은 사람에게 안겼어요. 그렇게 그는 구명조끼 입은 사람에게 안긴 채로 물 위의 구명정으로 옮겨졌어요. 이것이 그날 사건의 전말입니다.

이 구명조끼를 입은 분이 바로 '예수님'이십니다. 그분은 '구명튜브'가 아니라 '구명조끼를 입은 사람'이십니다. 우리가 예수님을 선택한 것이 아니라, 예수님이 이미 죽은 우리를 향해 뛰어들어 끌어안으셨기에 다시 살아나, 그분을 부둥켜안고 물 밖으로 나오게 된 것입니다. 그래서 이어지는 구절에선 이렇게 말합니다.

긍휼이 풍성하신 하나님이 우리를 사랑하신 그 큰 사랑을 인하여 허물로 죽은 우리를 그리스도와 함께 살리셨고 (너희는 은혜로 구원을 받은 것이라) 또 함께 일으키사 그리스도 예수 안에서 함께 하늘에 앉히시니(에베소서 2:4 - 6).

예수님을 믿고 주로 고백한 것은 죄를 인식했기 때문이며 그것은 하나님이 당신을 거듭나게 하셨기 때문입니다. 그래서 구원은 하나님이 거저 주시는 선물, 은혜입니다. 그러면 언제, 어떻게 거듭났느냐고요? 그건 예수님께 직접 들으면 좋겠어요.

예수께서 대답하여 이르시되 진실로 진실로 네게 이르노니 사람이 거듭나지 아니하면 하나님의 나라를 볼 수 없느니라 니고데모가 이르되 사람이 늙으면 어떻게 날 수 있사옵나이까 두 번째 모태에 들어갔다가 날 수 있사옵나이까 예수께서 대답하시되 진실로 진실로 네게 이르노니 사람이 물과 성령으로 나지 아니하면 하나님의 나라에 들어갈 수 없느니라 육으로 난 것은 육이요 영으로 난 것은 영이니 내가 네게 거듭나야 하겠다 하는 말을 놀랍게 여기지 말라 바람이 임의로 불매 네가 그 소리는 들어도 어디서 와서 어디로 가는지 알지 못하나니 성령으로 난 사람도 다 그러하니라(요한복음 3:3-8).

예수님은 '거듭남'을 '물과 성령으로 태어나는 것'이라고 설명하셨어요. 여기서 '물'은 기독교 예식 중 '세례'를 의미하는 것이 아니라는 점을 유의하세요. 세례는 믿음을 만들어 내는 것이 아니라 믿음을 고백하는 자에게 행하는 예식이기 때문이에요.

그렇다면 '물'은 무엇을 의미할까요? 물은 곧 '하나님의 말씀'입니다. 성경의 여러 구절에서 하나님의 말씀과 물을 연관 지어요. 그래서 거듭남을 말할 때 '물'은 죄인이 하나님의 말씀을 듣는 것을 의미합니다.

이스라엘 하나님의 영광이 동쪽에서부터 오는데 하나님의 음성이 많은 물소리 같고 땅은 그 영광으로 말미암아 빛나니(에스겔 43:2).

이는 곧 물로 씻어 말씀으로 깨끗하게 하사 거룩하게 하시고(에베소서 5:26).

너희가 **거듭난 것은** 썩어질 씨로 된 것이 아니요 썩지 아니할 씨로 된 것이니 살아 있고 항상 있는 **하나님의 말씀으로 되었느니라**(베드로전서 1:23).

여기서 '하나님의 말씀'은 어떤 내용일까요? 예수님이 승천하신 이후, 제자 베드로는 많은 인파가 모인 곳에서 하나님의 말씀을 선포했어요. 그때 무려 삼천 명의 사람들이 그 자리에서 죄를 깨닫고 회개하고 예수님을 믿게 되었어요. 베드로가 전했던 '하나님의 말씀'을 들어봅시다.

그가 하나님께서 정하신 뜻과 미리 아신 대로 내준 바 되었거늘 너희가 법 없는 자들의 손을 빌려 못 박아 죽였으나 하나님께서 그를 사망의 고통에서 풀어 살리셨으니 이는 그가 사망에 매여 있을 수 없었음이라(사도행전 2:23 - 24).

이게 바로 거듭나게 하는 '예수님의 십자가 죽음과 부활'의 이야기입니다. 우리가 지금껏 살폈던 예수님 이야기, 복음입니다! 예수님과 그분이 행하신 일을 들을 때 죄인이 거듭남으로 신자가 되는 것입니다.

우리 주 예수 그리스도의 아버지 하나님을 찬송하리로다 그의 많으신 긍휼대로 예수 그리스도를 죽은 자 가운데서 부활하게 하심으로 말미암아 우리를 거듭나게 하사 산 소망이 있게 하시며(베드로전서 1:3).

그렇다면 거듭남에서 '성령'은 어떻게 이해해야 할까요? 사실상,

예수님의 돌아가심과 부활에 관한 복음이 들려도 반응할 수 없었던 우리였어요. 영이 죽은 죄인이었기 때문이에요. 그런데 그 자리에서 성령님이 죄인의 영을 살아나게 하신 겁니다. 그래서 선포된 말씀, 곧 예수님과 그분이 행하신 일에 반응한 것이지요. 결국, 죄인은 죄를 깨닫고 회개하여 해결책이신 예수님을 붙잡게 됩니다. 구약의 예언은 거듭남에 대해 이렇게 말했답니다.

> 또 내게 이르시되 인자야 너는 생기를 향하여 대언하라 생기에게 대언하여 이르기를 주 여호와께서 이같이 말씀하시기를 생기야 사방에서부터 와서 이 죽음을 당한 자에게 불어서 살아나게 하라 하셨다 하라(에스겔 37:9).

거듭나게 하셔서 예수님을 붙잡게 한 것은 하나님이 하신 일입니다. 그래서 구원이 하나님의 선물인 거예요. 이 하나님이 절대로 변하지 않으시기에, 우리의 구원은 흔들림 없는 토대 위에 있는 거랍니다. 자, 그러니 이 반석과 같은 토대 위에 신자의 삶을 세워가기를 바랍니다.

스타터 키트 ②
"내 삶에 일어난 변화는 무엇인가요?"

그럼 이제 스타터 키트의 두 번째 상자를 개봉할 차례입니다. 두 번째 상자는 '바뀐 신분'이라고 적힌 상자입니다. "내 삶에 일어난 변화는 무엇인가요?"라는 질문에 대한 답입니다. 신자는 예수님을 믿고 그분을 주인으로 모시면서 구원받았어요. 성경은 신자를 향해

"이전 것은 지나갔으니 보라 새것이 되었도다"(고린도후서 5:17)라고 선언합니다.

하지만 아무리 살펴봐도 별반 달라진 것이 없어 보이는 게 문제입니다. 얼굴에서 거룩한 광채가 나는 것도 아니고, 오랜 지병이 갑자기 낫는 것도 아닙니다. 습관처럼 굳어진 죄는 여전해요. 솔직하게 말해서 구원받았다고 해서 전혀 달라진 게 없는 것 같습니다. 이 점이 신자의 삶을 시작하는 이들을 곤혹스럽게 합니다. 그래서 묻게 되지요. "내 삶에 일어난 변화는 무엇인가요?"라고요.

변화된 것이 있냐고요? 물론이지요. 신자의 삶을 시작하는 사람들은 이 변화를 분명하고 정확하게 아는 것이 아주 중요합니다. 신자가 겪은 변화는 바로 '신분의 변화'입니다. 우리의 신분이 말도 안 되게 변했어요. 이게 얼마나 놀라운 일인지 곧 알게 될 거예요.

영국의 신학자 마이클 리브스는 신자가 겪는 신분의 변화를 '왕과 결혼한 매춘부' 비유로[14] 설명합니다. 한 나라의 왕이 매춘부를 사랑하여 그녀를 신부로 맞았어요. 왕은 이 결혼을 위해 그녀를 둘러싼 삶의 비참함과 그녀가 짊어진 빚도 다 품었답니다. 이로써 매춘부는 왕의 아내인 '왕비'라는 고귀한 신분을 얻게 되었어요. 매춘부라는 비루한 신분이 단번에 왕비라는 고귀한 신분으로 변화된 겁니다.

그렇다면 그녀의 성품, 태도, 습관은 어떨까요? 갑자기 왕비의 기품과 소양을 갖추게 되었을까요? 아니죠. 그녀는 자기에게서 변한 것을 찾아보기가 어려웠을 거예요. 하지만 바뀐 신분과 환경 속에서

점차 왕비의 고귀함을 갖추어 갈 거예요. 신분에 어울리도록요. 신자에게 일어난 변화가 바로 이와 같아요. 하나님이 우리의 신분을 거룩하게 바꾸셨어요. 우리의 모습은 여전히 달라지지 않았지만, 그렇다고 해서 옛 모습에 머물러 있지 않을 거랍니다. 신분에 어울리는 모습으로 바뀌어 갈 거예요.

이것을 미국의 목사이자 작가인 맥스 루케이도는 확신에 차서 말합니다. "하나님은 당신을 있는 그대로 사랑하신다. 그러나 그대로 두시지 않는다. 당신이 변화되기 원하신다."[15] 변화된 신분에 합당한 모습으로 변화되는 과정이 바로 신자의 삶입니다. 그래서 신자의 변화된 신분을 아는 것이 중요합니다. 그 신분이 결국 우리가 변화되고 자라가야 할 목표이기 때문입니다. 성경은 신자의 바뀐 신분을 크게 세 가지로 소개합니다. '죄인에서 의인, 고아에서 자녀, 외인에서 시민'입니다. 하나하나 살펴보도록 할게요!

Before 죄인 After 의인

예수님을 믿고 구원을 받은 사람은 죄인에서 의인으로 신분이 바뀌었어요. 여기서 의인이란 착한 사람이나 정의감이 많은 사람을 의미하는 것이 아닙니다. 의인은 하나님과 함께할 수 있는 사람입니다. 성경에서 의(righteous)는 '하나님과의 관계'에서 사용하는 용어로 '하나님과 함께할 수 있는 상태'이자 '죄'와는 정반대의 개념이에요.

| 의 | 거룩하신 하나님과 함께할 수 있는 거룩한 상태 → 생명, 사랑, 목적을 누림 |
| 죄 | 거룩하신 하나님과 함께할 수 없는 단절된 상태 → 생명, 사랑, 목적을 잃음 |

죄인이었던 우리의 신분이 예수님으로 인해 하나님과 함께할 수 있는 의인으로 바뀌었어요. 물론 우리에겐 하나님과 함께할 수 있는 거룩함이 눈 씻고 찾아보려 해도 없어요. 그렇다고 해서 '이런 내 기도는 하나님이 안 들으실 거야. 결국 하나님께 버림받을 거야'라며 낙심할 필요가 없다는 것을 알려 주고 싶어요. 사실 신자가 의인이 된 것 역시 그가 착한 일을 많이 해서, 성경에 있는 대로 살아냈기 때문이 아니란 것을 기억해야 합니다. 그저 예수님을 믿었기에 이 놀라운 신분의 변화가 일어난 거예요. 죄인인 우리가 예수님이라는 의로운 옷을 덧입는 방식으로 말이죠!

> 누구든지 그리스도와 합하기 위하여 세례를 받은 자는 그리스도로 옷 입었느니라(갈라디아서 3:27).

저도 가보지는 못했지만, 서유럽에 있는 고급 레스토랑에서 식사하려면 반드시 정장을 입고 가야 한다고 해요. 편한 복장으로는 그가 아무리 재력과 지위가 있다고 해도 입장이 거부됩니다. 반면 정장만 입으면 그의 재력과 지위와 상관 없이 입장이 용납되지요.

죄인인 우리는 하나님과 함께할 수 없었어요. 그런데 하나님과 늘 함께하시는 예수님이 십자가에서 죽으심으로, 의의 옷이 되셔서 우리를 덮어 주셨어요. 바로 이 옷 때문에 우리가 의인으로 여김을 받고 하나님과 함께할 수 있는 상태가 된 것입니다. 우리가 한 것 없이 의로우신 예수님이 우리를 덮으심으로!

한 사람이 순종하지 아니함으로 많은 사람이 죄인 된 것 같이 한 사람이 순종하심으로 많은 사람이 의인이 되리라(로마서 5:19).

일을 아니할지라도 경건하지 아니한 자를 의롭다 하시는 이를 믿는 자에게는 그의 믿음을 의로 여기시나니(로마서 4:5).

우리가 여전히 하나님 앞에서 더러워 보이고 자격 없는 것으로 보여도 죄인이 의인이 된 것은 이미 결정된 것으로 번복될 수 없어요. 실제로 성경에서 쓰인 '의롭게 하다'라는 헬라어 디카이오오는 법정에서 사용하는 재판 용어입니다. 법정에서 선언된 판결은 이후에 뒤집을 수 없듯이, 하나님이 우리에게 '의롭다'라고 하신 말씀은 번복되지 않아요. 이후로 하나님은 우리를 완전히 의인으로 아시고 함께해 주신답니다. 이전에 지었던 죄와 지금의 상태와 앞으로의 모습까지도 오롯이 '의인'으로 봐주신다는 거예요.

내가 그들의 불의를 긍휼히 여기고 그들의 죄를 다시 기억하지 아니하리라 하셨느니라(히브리서 8:12).

그러니 이제 당신은 의인이 되었음을 인정할 뿐만 아니라 누려야 합니다. 마음껏 하나님 앞에 나아가는 겁니다. 그것이 의를 주신 분을 기쁘게 하는 것입니다. 귀한 옷을 선물 받았으나 그 옷이 자기에게는 너무 값지고 고급스럽다고, 옷장 속에 보관만 하거나 가끔만 입는다면 선물한 사람을 속상하게 하는 일일 겁니다. 마음껏 하나님 앞으로 나아가세요. 예배하고, 기도하고, 하나님이 주시는 좋은 것들을 받아 누리고 감사하는 거예요. 그것이 의인의 특권이니까요!

그러므로 우리가 믿음으로 의롭다 하심을 받았으니 우리 주 예수 그리스도로 말미암아 하나님과 화평을 누리자(로마서 5:1).

예수님 안에서 당신은 죄인에서 의인으로 변화되었어요. 하나님은 당신을 거절하지 않으시고 용납하셨어요. 하나님과 화해함을 축하해요!

Before 고아 After 자녀

자, 이어서 알아볼 신분의 변화는 '하나님의 자녀'입니다. 예수님을 믿고 구원받은 신자에게는 새로운 가족관계증명서가 발급되는데요. 놀랍게도 아버지 하나님 아래에, 아들 예수님과 함께 우리의 이름이 기록되어 있어요! 하나님은 우리를 향해 "내 아들, 내 딸"로 불러 주시고, 예수님은 우리를 "내 형제요, 내 자매"라고 불러 주신답니다. 죄인이 예수님을 주로 고백할 때 십자가의 예수님과 연합되고, 예수님의 영이신 성령님이 그 안에 머무르시기 때문이에요.

영접하는 자 곧 그 이름을 믿는 자들에게는 하나님의 자녀가 되는 권세를 주셨으니 (요한복음 1:12).

이것은 엄청난 신분의 변화입니다. 우리는 피조물에 불과했어요. 더욱이 죄인으로 하나님과 단절되었을 뿐만 아니라 죄에서 태어나 죄를 닮아가는 죄의 아들이었지요. 하나님 편에서 보면 필연적으로 벌을 받아야 할 진노의 자식이었던 거예요. 우리에게 하나님은 두려운 분, 범접할 수 없이 크고 멀리 계신 분이었지요. 그런 우리를 하나님이 값을 치러 아들과 딸로 입양하신 것입니다.

그렇게 우리는 아버지가 바뀌었어요. 명목상의 호칭이 아니라 실제로 하나님 나라의 유업을 받을 상속자로 삼으셨어요. 그뿐만 아니라 하나님은 "자, 아들아! 딸아! 아빠라고 불러 보렴"이라고 말씀하십니다.

때가 차매 하나님이 그 아들을 보내사 여자에게서 나게 하시고 율법 아래에 나게 하신 것은 율법 아래에 있는 자들을 속량하시고 우리로 아들의 명분을 얻게 하려 하심이라 너희가 아들이므로 하나님이 그 아들의 영을 우리 마음 가운데 보내사 아빠 아버지라 부르게 하셨느니라 그러므로 네가 이후로는 종이 아니요 아들이니 아들이면 하나님으로 말미암아 유업을 받을 자니라 (갈라디아서 4:4-7).

'아빠'와 '아버지'의 차이를 느낄 수 있나요? 바로 거리감 아닐까요. 만약 제 어린 아들이 제게 와서 "아버지, 기체후 일향 만강하셨습니까?"라고 고개를 숙인다면, 하… 이게 참… 예의 바르다고 칭찬해야 할 것 같으면서도… 이상하게 섭섭할 것 같은 겁니다. 저는 아들이 저를 더 가깝고 친밀하게 여겨 주기를 바란답니다.

하나님이 우리에게 굳이 "아빠"라고 부르게 하셨다면, 그것은 되찾은 자녀와 더 가까워지고 싶고, 더 친밀해지기를 원하신다는 뜻이에요. 물론 이제 막 신자가 된 사람은 하나님을 향해 "아버지"라고 부르는 것도 어색할 거예요.

하지만 조금 낯살이 돋더라도 하나님을 향해 "아빠"라고 불러 보세요. 하나님이 굉장히 흐뭇해하실 거예요. 하나님은 그 사랑을 나누기 위해 아들을 내어 주시고 우리를 입양하셨답니다. 그 친밀한 관계를 더 많이 누려가기를 바랍니다.

하나님은 자녀의 요청을 기다리십니다. 세상의 모든 아빠는 자녀에게 슈퍼맨이기를 원합니다. 무엇이든 돕고 싶고, 해주고 싶어 하지요. 하나님도 마찬가지시랍니다. 그런데 하나님은 슈퍼맨보다 더 '슈퍼'하신 분이에요. 모든 것을 아시고, 모든 것을 하실 수 있는 무한하신 분이죠! 우리는 아빠이신 하나님 앞에 아무런 거리낌 없이 나아가 자녀의 필요를 구할 수 있답니다.

한 선교사님이 자녀를 입양하여 아이를 집으로 데려오며 이렇게 이야기를 해주었대요. "얘야, 이제 여기가 네 집이란다. 이제부터 나는 네 아빠야. 나는 너를 사랑한단다. 그러니 네게 필요한 것이 있다면 언제든 나에게 요청하렴. 내가 결코 너를 거절하지 않을 거란다."

하지만 아이는 한동안 선교사님을 두려워하고 피해 다녔다고 해요. 선교사님을 부를 일이 있어도 "아빠"라고 하는 것이 아니라 "저기요…" 하고 불렀지요. 그러던 한 날은 아이가 옷을 붙잡고 부르더라는 거예요. "저기요…" 아이가 먼저 아빠를 찾았다는 것이 기뻤던 선교사님이 대답했어요. "내가 도와 줄 일이 있니?"

그런데 이어지는 아이의 말에 선교사님은 눈물이 날 정도로 안타까웠다고 합니다. "저… 냉장고 한번 열어 봐도 되나요…?" 선교사님은 진심을 담아 대답해 주었답니다. "아들아, 여기에 있는 모든 것이 네 것이란다. 냉장고 문을 여는 것? 물론 괜찮지! 괜찮고말고! 아니 그 안에 있는 모든 게 네 거야. 나는 네 아빠고, 너는 내 아들이고, 여긴 네 집이니까."

사실 아빠들은 그렇게 자녀를 기다리고, 자녀에게 필요한 것을 공급하기를 즐거워합니다. 자녀가 아빠를 찾는 것은 아빠의 기쁨입니다. 그러니 언제든 염려 말고 하나님 아빠 앞에 나아가 구할 수 있고, 구해야 합니다.

> 곧 영원부터 우리 주 그리스도 예수 안에서 예정하신 뜻대로 하신 것이라 우리가 그 안에서 그를 믿음으로 말미암아 담대함과 확신을 가지고 하나님께 나아감을 얻느니라(에베소서 3:11 - 12).

정리하자면, 신자는 예수님 안에서 하나님의 자녀가 되었어요. 하나님이 우리의 아빠이십니다. 언제든 아빠에게 나아가 우리의 필요를 요청하고, 마음을 쏟아낼 수 있어요. 우리는 더 이상 아빠 없는 고아와 같이 방황하며 의지할 곳 없던 자가 아닙니다. 더 이상 진노를 두려워할 필요도 없어요. 이것이 우리의 바뀐 신분이니까요. 우리에게 이런 아빠가 있다는 것이 얼마나 든든한가요?

Before 세상 시민 After 하나님 나라 시민

마지막으로 살펴볼 신자의 변화된 신분은 '하나님 나라의 시민'입니다. 세상 나라의 시민이었던 사람이 하나님을 왕으로 모시고 하나님 나라의 시민권을 얻게 된 것이지요.

그러므로 이제부터 너희는 외인도 아니요 나그네도 아니요 오직 성도들과 동일한 시민이요 하나님의 권속이라(에베소서 2:19).

나라가 성립되기 위해선 '주권, 국민, 영토' 세 가지 요소가 있어야 합니다. 주권은 나라를 다스리는 힘, 국민은 그 주권의 대상, 영토는 주권이 미치는 영역이지요. 그래서 '하나님 나라'는 단순히 죽음 이후에 가는 나라가 아니라 하나님의 통치가 실현되는 현재적이고 실재적인 나라입니다. 하나님 나라는 하나님의 통치를 받는 그 시민들을 통해 구체적으로 그 영역이 드러납니다.

그런데 하나님이 창조하신 세상에 하나님 나라가 완전히 드러났던 적은 아주 잠시였답니다. 하나님의 통치를 받는 시민들이 사라졌기 때문이에요. 이 세상의 모든 사람은 하나님 나라의 왕을 버리고 스스로 왕이 되어서 자기 소견에 옳은 대로 살았습니다. 사람들은 자기 중심적인 성향으로 스스로 왕이 되어서 자기만의 나라를 세운 듯 보였어요.

하지만 실상 우리는 다른 왕을 섬기고 있었답니다. 자기 중심적으로 사는 삶이 행복이라고 기만하고, 악을 행하도록 유혹하며, 죄로 다스리던 왕은 첫 사람 아담과 하와를 유혹한 옛 뱀이자 마귀, 이 세상의 권세를 잡고 하나님을 대적하던 사탄입니다.

그때에 너희는 그 가운데서 행하여 이 세상 풍조를 따르고 공중의 권세 잡은 자를 따랐으니 곧 지금 불순종의 아들들 가운데서 역사하는 영이라(에베소서 2:2).

우리가 속할 나라는 두 나라밖에 없습니다. 마귀가 다스리는 세상 나라, 하나님이 다스리시는 하나님 나라입니다. 세상 나라의 시민으로 사탄의 통치를 받고 살아간다면 이 땅에서 결코 진정한 행복을 누릴 수 없을 뿐만 아니라, 예수님이 이 땅에 다시 오실 때 심판을 받아 멸망하게 될 것입니다.

그래서 우리가 어떤 나라에 속해 살아가는지가 너무나도 중요합니다. 어떤 통치를 받는가에 따라 삶이 달라지기 때문이에요. 마귀는 결코 자기 백성을 놓아줄 생각이 없어요. 그런데 하나님의 아들이자 만왕의 왕이신 예수님이 이 땅에 하나님 나라를 가지고 오신 거예요. 자기 백성을 세상 나라에서 해방시켜 하나님 나라의 시민으로 살아가도록!

이르시되 때가 찼고 하나님의 나라가 가까이 왔으니 회개하고 복음을 믿으라 하시더라(마가복음 1:15).

예수님은 처음부터 하나님 나라를 선포하셨고, 십자가에서 우리의 값을 지불하시고 우리를 세상 나라에서 빼내어 하나님 나라로 이주시켜 시민권을 주셨답니다.

그가 우리를 흑암의 권세에서 건져내사 그의 사랑의 아들의 나라로 옮기셨으니(골로새서 1:13).

그러므로 이제부터 너희는 외인도 아니요 나그네도 아니요 오직 성도들과 동일한 시민이요 하나님의 권속이라(에베소서 2:19).

신자는 더 이상 세상 나라에 속해 세상 나라의 법과 명령을 따르는 자가 아닙니다. 그럴 필요도 없고, 그렇게 해서도 안 됩니다. 신자는 하나님 나라의 법과 명령을 따르며, 그 나라의 권리를 누리며 살아가는 자입니다. 왕이 하시는 일에 적극 동참하여 함께 이 나라를 다스리는 것이 하나님 나라에 속한 시민이 감당해야 할 의무입니다.

그런데 우리가 알아야 할 중요한 사실이 있습니다. 예수님이 오시면서 하나님 나라가 이미 임했지만, 아직 완전히 임한 것은 아니라는 사실입니다. 하나님 나라는 예수님이 다시 오실 그때 완전히 임하고 세상 나라는 끝이 납니다. 그러니 지금은 이 땅에서 하나님 나라와 세상 나라가 함께 있는 시간을 살아갑니다.

한 땅에서 서로 대적하는 두 나라에 속하여 각기 다른 왕을 섬기는 자들이 함께 있으니, 갈등이 있을 수밖에 없지요. 자기 백성을 빼앗긴 마귀는 끊임없이 하나님 나라의 백성들을 회유하고 포로로 잡아가려 합니다. 그래서 이 땅을 사는 신자들은 치열한 영적 전쟁을 치릅니다.

우리의 씨름은 혈과 육을 상대하는 것이 아니요 통치자들과 권세들과 이 어둠의 세상 주관자들과 하늘에 있는 악의 영들을 상대함이라 (에베소서 6:12).

성도는 때로 넘어질 때가 있고, 괴로움을 겪을 때가 생깁니다. 그럼에도 우리는 '하나님 나라의 시민권자'임을 기억하며 우리 앞의 영적 전쟁을 싸웁시다! 예수님이 돌아오셔서 모든 것을 끝내시고 우리의 전투를 위로하시고, 치하해 주실 날을 손꼽아 기다리며!

그러나 우리의 시민권은 하늘에 있는지라 거기로부터 구원하는 자곧 주 예수 그리스도를 기다리노니 (빌립보서 3:20).

이것들을 증언하신 이가 이르시되 내가 진실로 속히 오리라 하시거늘 아멘 주 예수여 오시옵소서(요한계시록 22:20).

자, 당신이 신자가 되었을 때 이렇게 엄청난 변화가 있었답니다. 신분이 완전히 달라졌어요. 죄인에서 의인으로 바뀌었고, 고아에서 자녀가 되었으며, 세상 나라에서 하나님 나라로 소속이 옮겨졌지요. 새로운 삶은 자신이 누구인지, 바뀐 신분이 무엇인지를 아는 데서부터 시작합니다. 지금 당장은 바뀐 신분과 모습이 어색하고 어울리지 않는 것 같아도 걱정하지는 말아요. 우리 안에 착한 일을 시작하신 분께서 우리를 의인답게, 자녀답게, 시민답게 빚어가실 테니까요!

스타터 키트 ③
앞으로 어떻게 살아야 할까요?

이제 〈신자의 삶 스타터 키트〉 마지막 상자를 개봉할 차례입니다. 마지막 상자에는 '새로운 삶의 방식'이라고 적혀 있어요. "앞으로 어떻게 살아야 할까요?"라는 질문에 대한 답이에요. 이것은 아주 실제적인 질문입니다. 신자는 더 이상 지금까지 목표로 삼고, 추구했던

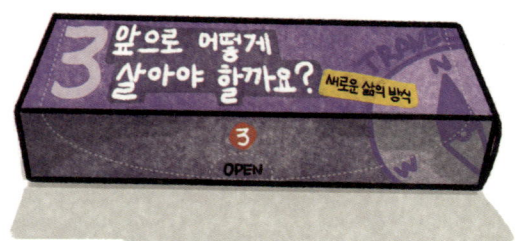

방식대로 살아갈 수 없기 때문이에요. 익숙했던 삶의 방향과 방법을 멈춘다는 것은 마치 나침반을 잃고 망망대해에 홀로 던져진 것 같아서 막막함과 두려움에 사로잡히기 쉬워요. 그럴 때 삶의 방향과 방법에 대한 가이드가 있다면 막막함은 설렘으로, 두려움은 평안함으로 바뀔 거예요.

그래서 이 상자 안에는 당신이 망망대해 같은 삶에서 방향을 잃지 않도록 하는 것이 무엇인지, 계속 이 길을 항해하게 하는 연료가 무엇인지 그리고 당신이 탄 배의 항해사는 누구이며, 동료 선원들은 누구인지 알려 주는 안내서가 들어 있답니다. 그러니 본격적으로 신자의 삶을 시작하기 전에 이 안내서를 꼭 숙지하기를 바랍니다. 자, 가봅시다.

방향: 예수님을 향해

고대로부터 항해하던 사람들이 망망대해에서도 길을 잃지 않고 나아갈 수 있었던 것은, 늘 같은 자리에 뜬 북극성을 바라보았기 때문입니다. 신자의 삶을 항해라고 한다면 북극성은 바로 예수님이십니다. 예수님을 바라볼 때 세상에서 방향을 잃지 않게 됩니다.

신자가 살아가는 삶의 목적은 예수님을 본받고, 궁극적으로 그분과 같아지는 것이기 때문이에요. 그래서 평생을 제자 훈련에 헌신한 옥한흠 목사님은 늘 "작은 예수가 되라"[16]고 강조하셨답니다. 예수님의 제자 베드로도 이렇게 말합니다.

> 이를 위하여 너희가 부르심을 받았으니 그리스도도 너희를 위하여 고난을 받으사 너희에게 본을 끼쳐 그 자취를 따라오게 하려 하셨느니라(베드로전서 2:21).

이처럼 베드로는 예수님을 바라보며 따라갔고, 이것을 증명하듯 성경은 의도적으로 베드로의 행적 속에서 예수님을 겹쳐 보여 주기도 합니다.

> **예수님** "그 아이의 손을 잡고 이르시되 달리다굼 하시니 번역하면 곧 내가 네게 말하노니 소녀야 일어나라 하심이라"(마가복음 5:41).
> **베드로** "베드로가 … 시체를 향하여 이르되 다비다야 일어나라(아람어로 '다비다굼') 하니"(사도행전 9:40).

이렇듯 신자의 삶의 목적은 '예수님처럼 되는 것'입니다. 이 말이 모호하게 들리나요? 그게 가능한지도 모르겠다고요? 아니에요! 사실 당신은 명확히 알고 있을 뿐만 아니라 이미 당신의 삶 속에서 그 일이 시작되었답니다!

예수님을 닮는다는 것은 그분을 우리 안에 모심으로 변화된 신분과 밀접히 관련합니다. 보세요! 우리가 가진 의는 원래 예수님의 의입니다. 우리가 하나님의 자녀 된 것은 예수님이 하나님의 아들이시

기 때문이며, 우리가 하나님 나라의 시민이 된 것은 예수님이 그 나라의 왕이시기 때문입니다. 우리가 얻은 새 신분은 모두 예수님과 연합한 결과이지요. 물론 새로운 신분과 우리의 실제 모습이 격차가 있지만요. 바로 여기에 우리 삶의 방향이 있어요! 우리에게 주어진 신분에 합당하게 변화하는 것이 바로 예수님을 닮는 것입니다. 의인인 우리는 점차 예수님의 거룩함까지 그 열매가 익어 가야 합니다.

> 내가 기도하노라 너희 사랑을 지식과 모든 총명으로 점점 더 풍성하게 하사 너희로 지극히 선한 것을 분별하며 또 진실하여 허물 없이 그리스도의 날까지 이르고 예수 그리스도로 말미암아 의의 열매가 가득하여 하나님의 영광과 찬송이 되기를 원하노라(빌립보서 1:9-11).

자녀인 우리는 아버지이신 하나님과 아들이신 예수님의 그 인격적인 관계처럼 친밀해져야 합니다. 예수님이 십자가에 달리시기 전, 하나님과 나누신 대화의 내용을 보세요.

> 아버지여, 아버지께서 내 안에, 내가 아버지 안에 있는 것 같이 그들도 다 하나가 되어 우리 안에 있게 하사 세상으로 아버지께서 나를 보내신 것을 믿게 하옵소서(요한복음 17:21).

하나님 나라 시민인 우리는 왕이신 그리스도의 장성한 분량까지 자라 세상 나라의 유혹을 든든히 이기고 예수님의 뜻을 이 땅에서 행해야 합니다.

> 우리가 다 하나님의 아들을 믿는 것과 아는 일에 하나가 되어 온전한 사람을 이루어 그리스도의 장성한 분량이 충만한 데까지 이르리니 이는 우리가 이제부터 어린아이가 되지 아니하여 사람의 속임수와 간사한 유혹에 빠져 온갖 교훈의 풍조에 밀려 요동하지 않게 하려 함이라(에베소서 4:13 - 14).

성경은 예수님 안에서 이제 막 태어난 영적 신생아들이 예수님을 닮아가는 것을 '열매가 익어감, 충만함, 풍성함, 자라감'으로 표현합니다. 이렇듯 예수님을 본받고 그분의 자취를 따르며 닮아갈 때 성도다운 성도, 하나님과 친밀한 자녀, 왕의 눈으로 세상을 보고 왕의 뜻을 실현하는 하나님 나라의 시민이 됩니다. 결국 예수님의 모습이 우리 안에서 나타나는 것, 예수님처럼 되는 것이 삶의 목적이기에 예수님께 시선을 고정해 그 방향으로 나아가야 합니다.

연료: 말씀과 기도

그렇다면, 어떻게 '작은 예수'가 되기까지 나아갈 수 있을까요? 이 항해를 멈추지 않고 목적지까지 가기 위해서는 지속적으로 연료를 공급해야 해요. 예수님은 그 연료를 '나의 안에 거하는 것'이라고 하십니다.

> 나는 포도나무요 너희는 가지라 그가 내 안에, 내가 그 안에 거하면 사람이 열매를 많이 맺나니 나를 떠나서는 너희가 아무것도 할 수 없음이라 사람이 내 안에 거하지 아니하면 가지처럼 밖에 버려져 마르나니 사람들이 그것을 모아다가 불에 던져 사르느니라 너희가 내 안에 거하고 내 말이 너희 안에 거하면 무엇이든지 원하는 대로 구하라 그리하면 이루리라 … 지금까지는 너희가 내 이름으로 아무것도 구하지 아니하였으나 구하라 그리하면 받으리니 너희 기쁨이 충만하리라(요한복음 15:5 - 7, 16:24).

이렇듯 '작은 예수'로 자라가고 열매로 익어 풍성해지는 것은, 가지가 나무에 붙어 있듯 예수님 안에 머무르는 것에 달려 있어요. 이제 질문은 예수님께 붙어 있다는 것이 구체적으로 무엇을 의미하느냐입니다. 교회를 오래 다녀야 한다는 말일까요? 예배당을 떠나지 말아야 한다는 말일까요?

아니에요. 친절하신 예수님은 우리가 오해할까 다시 한번 풀어 설명해 주셨어요. 그것은 '내 말이 너희 안에 거하는 것'과 '내 이름으로 구하는 것'입니다. 그때 우리 안에 기쁨이 충만하게 된다고 해요. 먼저 '내 말'을 살펴볼까요?

이것은 이미 우리에게 주신 하나님의 말씀 곧 성경을 의미합니다. 하나님을 알아가도록 주신 유일한 방법이 바로 성경이지요. 신자는 이 성경을 읽고 묵상하고 연구함으로 하나님이 어떤 분이신지 더 알아가게 됩니다. 그분의 거룩함, 성품, 우리를 향한 사랑, 뜻과 계획… 이것은 단지 지식이 아니라 상대방을 인격적으로 알아가는 것을 말합니다. 예수님을 깊이 알면 알수록 신자는 그분을 닮아가게 됩니다.

> 믿음으로 말미암아 그리스도께서 너희 마음에 계시게 하시옵고 너희가 사랑 가운데서 뿌리가 박히고 터가 굳어져서 능히 모든 성도와 함께 지식에 넘치는 그리스도의 사랑을 알고 그 너비와 길이와 높이와 깊이가 어떠함을 깨달아 하나님의 모든 충만하신 것으로 너희에게 충만하게 하시기를 구하노라(에베소서 3:17 - 19).

이어서 예수님은 "내 이름으로 구하라"라고 하셨는데, 이것이 바로 '기도'입니다. 모든 종교에는 저마다 기도가 있지요. 그런데 기독교 기도의 독특성은 관계성에서 나옵니다. 기도는 이미 예수님 안에서 하나님의 자녀 된 자들이 그 관계 속에서 하나님께 이야기하는 것입니다.

기도는 단지 소원을 비는 것 이상으로 하나님과의 정서적 교감을 의미하지요. 우리는 하나님의 말씀으로 하나님을 알아가며, 그렇게 알게 된 하나님께 감탄도 하고, 감사도 하고, 마음을 솔직하게 터놓기도 하고, 필요를 구하기도 하며, 하나님의 뜻에 순종하는 결단을 하기도 합니다.

그래서 하나님이 누구이신지 어떤 분이신지 아는 것은 아주 중요합니다. 다시 말해 신자를 자라가게 하는 기도는 '인격적인 관계에서의 대화'라는 것입니다. 이 대화 속에서 신자는 하나님과 더욱더 깊은 정서적 친밀함을 이루어 갑니다. 마치 예수님이 하나님께 기도하시듯 말입니다.

결론적으로 신자의 삶에 필요한 연료는 '말씀'과 '기도'입니다. 이 두 가지를 함께 드리는 것이 바로 예배입니다. 말씀과 기도가 예배의 화구에서 태워질 때 신자의 배는 그리스도께로 힘차게 나아갑니다. 예수님의 말씀처럼 기쁨의 향연을 내뿜으면서 말이에요. 당신의 항해에 이 연료가 끊이지 않고 계속 공급되길 바랍니다.

선장: 성령님

방향도 알았고, 연료도 있으니 출발하자고요? 아니에요. 일단 배의 키(rudder)에서 손을 내려놓으세요. 항해에 앞서서 꼭 기억해야 할 것, 이 배의 선장은 당신이 아니라는 사실이에요.

그렇다면 누가 선장이냐고요? 선장은 예수님이 보내신 성령님입니다. 부활하신 예수님은 승천하시기 전에 제자들을 불러놓고 신신당부하셨어요. "기다려! 아직 너희의 여정을 시작하면 안 돼!"

> 사도와 함께 모이사 그들에게 분부하여 이르시되 예루살렘을 떠나지 말고 내게서 들은 바 아버지께서 약속하신 것을 기다리라 요한은 물로 세례를 베풀었으나 너희는 몇 날이 못 되어 성령으로 세례를 받으리라 하셨느니라(사도행전 1:4 – 5).

5부 신자의 삶 The New Identity

선장이 아직 오지 않았기 때문입니다. 승선한 진짜 선장이 조타수가 되어 키를 잡을 때 비로소 항해의 뱃고동을 울리며 출항할 수 있습니다. 그래서 신자들의 여정을 기록한 사도행전의 별명이 '성령행전'이랍니다. 성령님의 오심과 함께 시작되고, 성령님이 모든 여정을 이끌어 가시기 때문이에요.

당신의 항해도 마찬가지예요. 성령님은 당신의 마음에 계신답니다. 당신이 예수님을 마음에 모셔 들일 때 이미 오셨어요. 그러니 이제 배의 조타수 자리를 넘길 차례입니다. 우리가 아니라 성령님이 키를 잡으실 때 안전하게 예수님께로 항해할 수 있습니다.

> 육신을 따르는 자는 육신의 일을, 영을 따르는 자는 영의 일을 생각하나니 육신의 생각은 사망이요 영의 생각은 생명과 평안이니라(로마서 8:5-6).

성령님과 함께해야 할 또 다른 이유는 성령님이 옆에서 친히 우리를 도우시는 분이기 때문입니다.

> 그러나 내가 너희에게 실상을 말하노니 내가 떠나가는 것이 너희에게 유익이라 내가 떠나가지 아니하면 보혜사가 너희에게로 오시지 아니할 것이요 가면 내가 그를 너희에게로 보내리니(요한복음 16:7).

여기서 보혜사라는 말은 헬라어 파라클레이토스(παράκλητος)를 번역한 말로 '옆에서 돕는 자'라는 의미입니다. 도움을 받는 일이 익숙하지 않은 우리는 "일단 혼자서 해보고 안 되면 말할게요!"라고 하는 경향이 있지요. 그런데 오해하면 안 됩니다. 성령님은 일단 우리가 열심히 하고 그래도 안 되는 부분만 살짝 도와주시는 분이 아니기 때문입니다.

오히려 성령님의 도움 없이는 아예 불가능합니다. 그러하기에 '돕는 분'으로 이해해야 합니다. 그분이 계시지 않으면 이 여정은 불가능합니다. 구체적으로 성령님의 도움이 없이는 연료에 불이 붙지 않아요. 말씀을 볼까요? 진리의 영이신 성령님이 영적인 책인 성경을 깨닫게 하셔야 그 진리를 알 수 있고, 비로소 연료가 연소됩니다.

> 그러나 진리의 성령이 오시면 그가 너희를 모든 진리 가운데로 인도하시리니(요한복음 16:13).

> 기록된 바 하나님이 자기를 사랑하는 자들을 위하여 예비하신 모든 것은 눈으로 보지 못하고 귀로 듣지 못하고 사람의 마음으로 생각하지도 못하였다 함과 같으니라 오직 하나님이 성령으로 이것을 우리에게 보이셨으니 성령은 모든 것 곧 하나님의 깊은 것까지도 통달하시느니라(고린도전서 2:9-10).

기도도 살펴봅시다. 기도를 들으시는 분은 영이신 하나님입니다. 따라서 신자는 기도의 영이신 성령님의 도우심이 있을 때라야 하나님 앞에 엎드려 간구할 수 있습니다.

> 내가 다윗의 집과 예루살렘 주민에게 은총과 간구하는 심령(the spirit of supplication)을 부어 주리니 그들이 그 찌른 바 그를 바라보고 그를 위하여 애통하기를 독자를 위하여 애통하듯 하며 그를 위하여 통곡하기를 장자를 위하여 통곡하듯 하리로다(스가랴 12:10).

그뿐만 아니라 성령님은 신자의 마음이 무너져 도무지 기도할 수 없을 때도 신자를 위하여 탄식함으로 친히 기도하셔서 회복하게 하신답니다.

> 이와 같이 성령도 우리의 연약함을 도우시나니 우리는 마땅히 기도할 바를 알지 못하나 오직 성령이 말할 수 없는 탄식으로 우리를 위하여 친히 간구하시느니라(로마서 8:26).

이렇듯 신자는 성령님이 이끌고 도우실 때라야만 예수님께로 자라갈 수 있답니다. 이처럼 성령님이 주도권을 온전히 가지시는 것을 '성령 충만'이라고 한답니다. 이 성령님으로 충만할 때 신자는 그리스도를 향해 나아가고 자라가고 그리스도를 닮은 삶의 모습이 드러납니다. 성경이 신자의 성숙을 가리켜 '성령의 열매'라고 부르는 까닭입니다.

> 오직 성령의 열매는 사랑과 희락과 화평과 오래 참음과 자비와 양선과 충성과 온유와 절제니 이 같은 것을 금지할 법이 없느니라 그리스도 예수의 사람들은 육체와 함께 그 정욕과 탐심을 십자가에 못 박았느니라 만일 우리가 성령으로 살면 또한 성령으로 행할지니 헛된 영광을 구하여 서로 노엽게 하거나 서로 투기하지 말지니라(갈라디아서 5:22-26).

당신 안에 성령님으로 충만하여져서 성령이 맺게 하시는 아름다운 열매들이 맛깔스럽게 익어 가기를 바랍니다.

선원들: 교회 공동체

부우! "자, 이제 '신자 호' 출발합니다! 선원들은 각자 위치로!"

드디어 예수님을 향한 신자의 항해를 시작합니다. 한 배에 탑승한 선원들과 함께요! 이 여정에서 당신은 혼자가 아니에요. 하나님은 당신의 항해에 함께할 선원들을 부르셨어요. 다양한 배경과 역할을 가진 자들로 이 중에는 항해 경험이 많은 베테랑 선원도, 이제 막 항해를 시작한 초보 선원도 있답니다.

이렇게 한 배에 올라타 삶의 여정을 함께하는 선원들을 가리켜 성경은 '교회'라고 불러요. 혹시, 교회가 뾰족한 첨탑에 커다란 십자가가 달린 건물이라고 생각했을지도 모르겠군요. 교회는 건물을 지칭하는 말이 아니에요. 교회는 헬라어 에클레시아(ἐκκλησία)로 '부름을 받은 자들의 모임'이라는 뜻이에요.

교회는 사람이 계획해서 세운 모임이 아니에요. 하나님이 친히 계획하시고 불러 모으신 공동체입니다. 하나님은 어떤 필요로 교회를 계획하시고 불러 모으신 것일까요? 교회를 향해 쓰인 성경의 편지에서 이 질문의 답을 찾을 수 있어요. 바로 교회가 '하나님 나라의 시민'들이고 '하나님의 가족'이라는 것입니다.

그러므로 이제부터 여러분은 외국 사람이나 나그네가 아니요, 성도들과 함께 시민이며 하나님의 가족입니다(에베소서 2:19, 새번역).

우선 '하나님의 가족'을 살펴볼까요? 신자는 예수님 안에서 하나님의 자녀가 되었지요. 하나님은 신자에게 아빠라고 부르라고 하셨어요. 그렇다면 같은 아빠를 둔 신자들의 관계는 무엇일까요? 바로 형제와 자매랍니다. 하나님은 신자들을 한 가족으로 만드셨어요. 이것이 바로 교회입니다. 우리가 가족을 선택할 수 없듯이 우리가 신자가 된 것은 곧 교회가 된 것입니다.

가족이 된 교회는 서로를 사랑합니다. 사랑이 넘치는 아빠 하나님과 아들 예수님의 가족이 되었기에 그 넘치는 사랑 안에서 서로 사랑합니다. 더 사랑하기 위해 애쓰고, 더 사랑하지 못하기에 괴로워하며 더 사랑하기 위해 성령님의 도움을 구합니다. 이렇게 교회는 사랑으로 자라가며 하나님 나라가 마침내 드러납니다.

너희가 서로 사랑하면 이로써 모든 사람이 너희가 내 제자인 줄 알리라(요한복음 13:35).

특별히 신자의 삶을 시작하는 이들에게 이 영적 가족은 절실합니다. 거듭난 자는 영적으로 갓난아이와 같기 때문이에요. 갓난아이는 스스로 할 수 있는 것도 없고, 늘 위험에 노출되어 있기에 양육과 보호가 필요합니다.

마찬가지로 거듭난 사람 역시 영적인 젖을 먹일 사람이 필요하고, 엄마의 품과 같은 정서적인 교감이 필요합니다. 또 세상의 유혹과 시험으로부터 보호도 필요합니다. 예수님은 이 역할을 위해 교회를 마련하시고, 영적 부모들을 주셨답니다.

이르시되 내 어린 양을 먹이라 하시고(요한복음 21:15).

내가 너희를 젖으로 먹이고 밥으로 아니하였노니 이는 너희가 감당하지 못하였음이거니와 지금도 못하리라(고린도전서 3:2).

또 아이는 자라가며 닮아갈 본이 필요합니다. 교회에서 먼저 그리스도를 닮아간 이들이 신앙이 막 자라는 이들에게 신앙생활의 본을 보이고 가르치는 역할을 합니다. 그래서 성경 속 교회를 향한 편지들에는 본받으라는 권면이 참 많이 나옵니다.

내가 너희를 부끄럽게 하려고 이것을 쓰는 것이 아니라 오직 너희를 내 사랑하는 자녀 같이 권하려 하는 것이라 그리스도 안에서 일만 스승이 있으되 아버지는 많지 아니하니 그리스도 예수 안에서 내가 복음으로써 너희를 낳았음이라 그러므로 내가 너희에게 권하노니 너희는 나를 본받는 자가 되라(고린도전서 4:14 - 16).

결국 신자는 교회를 통해 하나님의 가족으로 사랑을 누리고, 영적인 공급을 얻고, 건강하게 자라갑니다. 이렇듯 교회는 서로를 향한 사랑의 헌신으로 주님 오실 때까지 재생산됩니다. 영혼이 태어나고, 자라고, 키우기를 반복합니다. 이를 통해 교회는 하나님 나라를 만끽하게 됩니다.

또 하나님은 신자를 '하나님 나라의 시민'으로 부르셨어요. 신자는 예수님을 왕으로 모시어 그분이 다스리는 나라에 속한 시민이 되었지요. 이처럼 예수님을 왕으로 모시는 시민들이 모인 교회는 함께 모여 왕의 뜻을 받듭니다. 왕의 뜻은 그의 나라가 전파되고, 드러나고, 확장되고, 세워지는 것이지요.

> 그러므로 너희는 가서 모든 민족을 제자로 삼아 아버지와 아들과 성령의 이름으로 세례를 베풀고 내가 너희에게 분부한 모든 것을 가르쳐 지키게 하라(마태복음 28:19 - 20).

그러므로 교회는 왕이 다시 오실 때까지 그 나라를 함께 세워가는 사명 공동체입니다. 왕이신 예수님의 뜻대로 사명을 감당하고 수행합니다. 예수님은 교회의 머리이시며, 교회는 그분의 몸입니다.

> 또 만물을 그의 발 아래에 복종하게 하시고 그를 만물 위에 교회의 머리로 삼으셨느니라 교회는 그의 몸이니 만물 안에서 만물을 충만하

게 하시는 이의 충만함이니라(에베소서 1:22 - 23).

그런데 예수님이 교회를 '한 몸'으로 보신다는 거예요. 이 말은 모두가 다 똑같아야 한다는 의미가 아닙니다. 머리에서 내린 명령에 몸의 각 부분이 유기적으로 연합하여 움직이듯, 서로 돕고 연합하여 맡은 일을 수행한다는 의미입니다.

다시 말해서 각기 다른 사람들과 연합하여 함께 하나님 나라를 위한 사명을 수행할 동역자를 주셨다는 뜻입니다. 나 혼자서 하나님 나라의 사명을 감당할 수 없어요. 동역자와 함께 가야 합니다. 그래서 성령님은 서로 연합하여 이 일들을 감당하도록 신자들에게 각각 다른 선물들을 주셨답니다. 어느 하나 우열이 있는 것이 아니라 함께 연합하도록 말입니다.

> 우리가 한 몸에 많은 지체를 가졌으나 모든 지체가 같은 기능을 가진 것이 아니니 이와 같이 우리 많은 사람이 그리스도 안에서 한 몸이 되어 서로 지체가 되었느니라 우리에게 주신 은혜대로 받은 은사가 각각 다르니 혹 예언이면 믿음의 분수대로, 혹 섬기는 일이면 섬기는 일로, 혹 가르치는 자면 가르치는 일로, 혹 위로하는 자면 위로하는 일로, 구제하는 자는 성실함으로, 다스리는 자는 부지런함으로, 긍휼을 베푸는 자는 즐거움으로 할 것이니라(로마서 12:4 - 8).

결론입니다. 교회는 취사선택할 수 있는 것이 아니라 이미 주어진 가족이며, 지체입니다. 주님이 다시 이 땅에 오실 때까지 자라가고, 자라게 하며, 함께 마음을 합하여 하나님 나라의 사명을 감당하도록 우리에게 주셨답니다. 그러니 우리의 새롭게 시작된 신자의 삶, 동료 선원들과 함께 나아갑시다!

해피 엔딩을 향하여 '킵 고잉'!

　스타터 키트에 담긴 상자를 다 개봉해 보았어요. 제가 준비한 선물은 여기까지입니다. 이 스타터 키트가 '해피 엔딩'을 향해 나아갈 당신의 여정, 거기서 맞닥뜨릴 유혹과 위기에 도움이 되기를 바랍니다. 하나님이 선물해 주신 구원을 잘 지켜 가기를, 십자가에서 바뀐 신분이 그리스도 예수의 장성한 분량에 이르기까지 자라가기를 소원합니다. 말씀과 기도로 풍성해지기를, 성령님의 충만함으로 인도되기를, 교회 안에서 사랑을 누리고 합력하여 사명을 감당하기를 축복하고 응원합니다. 이 모든 일을 시작하신 분이 반드시 이루실 것입니다. 그리스도 예수의 날에 함께 해피 엔딩으로 만나기를.

> 너희 안에서 착한 일을 시작하신 이가 그리스도 예수의 날까지 이루실 줄을 우리는 확신하노라(빌립보서 1:6).

복음을 들고
너에게 갈게

질문이 배송되었습니다

1. 구원은 해피_____이 아니라 해피_____입니다. 당신은 시작된 신자의 삶을 어떻게 살아가고자 하나요? 다짐하거나 꿈꾸고 계획한 것을 써 주세요.

2. 새로운 삶의 여정을 멈추어 서게 하거나 돌이키게 했던 질문들이 있나요? 당시 그 문제를 어떻게 해결했는지 나누어 주세요.

    ① "내가 정말 구원받은 게 맞나요?"

    ② "내 삶에 일어난 변화는 무엇인가요?"

    ③ "앞으로 어떻게 살아야 할까요?"

3. 우리 구원은 _____이 없으신 하나님의 _____입니다. 하나님은 죄인을 물인 _____과 성령으로 _____나게 하셔서 예수를 믿어 구원받게 하셨습니다. 따라서 우리의 상태에 따라 구원은 흔들리지 않습니다. 이 사실이 어떻게 느껴지나요?

4. 신자가 예수님을 믿고 구원을 받았을 때 _____이 변화되었습니다. 죄인에서 _____으로, 고아에서 하나님의 _____로, 세상 나라의 시민에서 _____으로.

5. 신자의 삶은 변화된 신분에 합당하도록 _____의 장성한 분량까지 자라가야 합니다. 이를 위해 _____과 _____로 날마다 나아가야 합니다. 이것을 위하여 계획하는 바가 있다면 무엇인가요?

6. _____은 당신의 삶을 이끄시고, 말씀과 기도를 가능하게 하십니다. 그리고 _____ 안에서 하나님 나라의 사랑을 누리고 자라가며 함께 사명을 감당하게 됩니다. 성령님과 교회에 대해 이전과 달라진 관점이 있나요?

7. 5부 〈신자의 삶〉을 읽으며 삶의 방향은 어떻게 달라졌나요? 이전과 달리 중요해진 가치나 방향, 목적과 목표는 무엇인가요? 결단한 내용을 정리하고 기도합시다.

- Before

- After

> 답 1. 엔딩, 비기닝 3. 변함, 선물, 말씀, 거듭 4. 신분, 의인, 자녀, 하나님 나라 시민 5. 그리스도, 말씀, 기도 6. 성령님, 교회

믿는 것과 아는 일에 하나 되는 기도

"하나님! 하나님의 은혜로 구원받아, 행복한 삶을 시작합니다. 하나님이 선물로 주신 구원을 흔들림 없이 믿고 누리게 하시며, 십자가에서 바꾸어 주신 놀라운 신분에 어울리는 자로 날마다 자라가게 하소서. 주님 다시 오셔서 해피 엔딩을 맞기까지 예수님만 바라보며 말씀과 기도를 연료 삼아, 성령님의 인도하심과 교회의 연합함으로 날마다 주신 행복을 누리게 하소서. 우리 안에 착한 일을 시작하신 하나님이 마치실 줄 믿고 맡겨 드리며 예수님 이름으로 기도합니다. 아멘."

Epilogue 흘러넘친 기쁨의 소식 – 이제 당신 목소리로

이 책을 쓰게 된 계기는 제 안에 있는 기쁨 때문이었어요. 그 기쁨은 예수님이 복음을 통해 제게 주신 그분의 기쁨입니다.

> 지금 내가 아버지께로 가오니 내가 세상에서 이 말을 하옵는 것은 그들로 내 기쁨을 그들 안에 충만히 가지게 하려 함이니이다(요한복음 17:13).

이 말씀은 예수님이 십자가에서 모든 사람의 죄를 대속하시기 위해 떠나기 직전, 아버지 하나님과 나누신 대화 중 일부입니다. 예수님은 우리에게 기쁨을 주시기를 바라셨어요. 그냥 주시는 것도 아니고, 충만하게 갖도록 말이에요. 예수님이 주신 이 기쁨의 특징은 채워지고, 넘쳐흐른다는 거예요.

> 우리 주의 은혜가 그리스도 예수 안에 있는 믿음과 사랑과 함께 넘치도록 풍성하였도다(디모데전서 1:14).

이렇게 넘쳐서 흐르는 기쁨을 잘 보여 주는 이미지가 있는데요. 대표적으로 선지자가 과부의 그릇에 기름을 채우는 장면이에요. 선지자를 섬기기 위해 자기의 마지막 음식을 대접한 과부에게 하나님은 은혜를 베푸셨어요. 선지자는 그녀에게 그릇을 많이 준비하라고 했어요. 빌려서라도 많이 가지고 오라고 말이죠. 하나님은 채우시되 풍성히 채우시는 분이거든요. 과부의 그릇들이 가득 차고 넘쳐서 흐르도록 채우고 또 채우셨어요.

이르되 너는 밖에 나가서 모든 이웃에게 그릇을 빌리라 빈 그릇을 빌리되 조금 빌리지 말고 너는 네 두 아들과 함께 들어가서 문을 닫고 그 모든 그릇에 기름을 부어서 차는 대로 옮겨 놓으라 하니라 여인이 물러가서 그의 두 아들과 함께 문을 닫은 후에 그들은 그릇을 그에게로 가져오고 그는 부었더니 그릇에 다 찬지라(열왕기하 4:3 - 6).

여기서 '그릇'은 과부 자신을 상징합니다. 성경에선 사람을 그릇에 비유하곤 하는데요. 특히 예수님의 복음을 듣고 새로운 생명과 기쁨을 가진 사람을 보배를 담은 그릇이라고 비유합니다.

> 우리가 이 보배를 질그릇에 가졌으니 이는 심히 큰 능력은 하나님께 있고 우리에게 있지 아니함을 알게 하려 함이라(고린도후서 4:7).

보잘것없는 그릇인 우리에게 보물인 복음이 담기면 어떻게 될까요? 예수님의 목적처럼 그분의 기쁨이 가득 채워질 뿐만 아니라 넘쳐서 흐르게 됩니다. 그래서 다른 그릇을 채우고, 또 넘쳐서 흘러 다른 그릇들을 채웁니다. 이것이 복음으로 얻는 기쁨과 세상이 주는 기쁨의 차이랍니다. 세상의 보화는 "나만 가질 거야! 마이 프레셔스!"라고 하는데, 복음이 주는 보화는 자신을 가득 채우고 넘쳐흘러 다른 이들의 그릇까지 채우는 기쁨을 누리게 합니다.

요한복음을 기록한 사도 요한도 이 기쁨을 아는 사람이었어요. 그 기쁨을 추구함으로 노년의 사도가 요한복음을 기록하게 됐거든요.

예수께서 제자들 앞에서 이 책에 기록되지 아니한 다른 표적도 많이 행하셨으나 오직 이것을 기록함은 너희로 예수께서 하나님의 아들 그리스도이심을 믿게 하려 함이요 또 너희로 믿고 그 이름을 힘입어 생명을 얻게 하려 함이니라(요한복음 20:30 - 31).

당시 이미 많은 교회가 공인된 복음서들을 읽고 있었어요. 그럼에도 요한은 자기 안에 가득 차고 넘쳐흐르는 기쁨으로 요한복음을 기록할 수밖에 없었지요. 저 역시 그러했답니다. 이미 서점에는 탁월한 저자들이 쓴 예수님과 그분의 복음에 관한 책들이 즐비합니다. 하지만 제 안에 가득 찬 기쁨은 또 다른 그릇들이 우리 예수님으로 가득 채워지도록 이 책을 쓰게 이끌었어요.

예수님이 들고 오신 복음과 만나, 구원의 기쁨을 얻은 그날의 감격은 지금도 손에 닿을 듯 생생하게 기억이 납니다. 무릎을 꿇고 "하나님, 감사합니다! 이제 저는 주님을 위해 살게요. 평생을 바쳐 이 은혜를 다 갚을게요!"라고 고백했어요. 그런데 이내 이런 생각이 들었답니다. '아… 이거 아무리 해도 다 못 갚겠는데?' 그 순간 오래된 찬송가의 가사, "하늘을 두루마리 삼고 바다를 먹물 삼아도 한없는 하나님의 사랑 다 기록할 수 없겠네"가 이해되었어요. 그래서 다시 기도

드렸어요. "하나님, 죄송해요! 저 이 은혜 못 갚겠어요. 그저 평생 하나님 한 분만 기뻐하고 즐거워하며 살게요!" 그때 이후로 하나님을 더욱 깊이 알아가고 교제하며 제 안에 기쁨이 채워지고 채워져 넘쳐흐르게 되었답니다.

그래서 더 큰 기쁨을 얻기 위해, 이 넘쳐흐른 기쁨으로 다른 그릇을 채우기 시작했어요. 복음을 들고 복음을 모르는 이들에게 가서 복음을 전했고, 복음을 잘 모르는 이들에게 복음을 가르쳤어요. 그리고 이렇게 글로 써 당신에게 나아왔지요.

제가 그랬듯, 이제 당신의 차례입니다. 당신의 인생에 찾아온 이 놀라운 소식, 하나님의 솔루션, 십자가의 사랑! 그 놀라운 이야기를 이제 당신도 알게 되었어요. 당신의 그릇은 복음의 기쁨으로 가득 채워졌습니다. 복음으로 인한 기쁨이 당신 안에 차고 넘쳐흘러서 어찌할 수 없기를, 그래서 "복음을 들고 너에게 갈게!"라고 외치며 당신 역시 이 복음을 다른 사람들에게 흘려보내 그들을 채우는 기쁨을 누리기를! 그렇게 물이 바다를 덮음같이 여호와를 아는 기쁨이 세상에 가득하기를 기대합니다.

마지막으로, 사랑하는 나의 아이들 유담아, 유주야! 아빠에겐 은이나 금은 없지만 아빠에게 있는 가장 귀한 이 복음을 너희에게 전한다. 우리 주 예수 그리스도의 이름, 곧 이 복음이 너희 안에서 생명과 기쁨을 넘치게 하실 것을 확신해. 넉넉히 세상을 이길 하나님의 말씀에 너희를 맡겨드리며!

주

1) 2022년 8-10월 61개국 갤럽 인터내셔널 75주년 조사. https://www.christiandaily. co.kr/news/124258#share 참조.
2) "Can seeking happiness make people unhappy? Paradoxical effects of valuing happiness." APA. 2011.
3) 김수지, 〈이 시간 너의 맘속에〉, 2000.
4) 이민섭, 〈당신은 사랑받기 위해 태어난 사람〉, 1997.
5) 아이유, 〈삐삐〉, 2018.
6) R.C.스프로울, 『하나님의 예정과 선택』, 생명의말씀사.
7) 원제는 『Pilgrim's progress』로 1678년 출간된 영국의 작가인 존 번연의 소설. 성경 다음으로 많이 번역 출간된 책으로 유명하다.
8) 자신이 죄인이며, 해결할 방법이 없다는 사실을 깨달은 크리스천은 장망성(city of destruction)에서 울부짖었다.
9) 마르틴 헹엘, 『십자가 처형』, 감은사.
10) ITZY, 〈달라달라〉, 2019.
11) 르세라핌, 〈이브, 프시케 그리고 푸른 수염의 아내〉, 2023.
12) אָבִיא(나비)는 히브리어로 '하나님의 말씀을 전하는 선지자'라는 뜻이다.
13) 마틴 로이드 존스, 『회개』, 복있는사람.
14) 마이클 리브스, 『칭의를 누리다』, 두란노.
15) 맥스 루케이도, 『예수님처럼』, 복있는사람.
16) 옥한흠, 『작은 예수가 되라』, 국제제자훈련원.

사명선언문

너희가 흠이 없고 순전하여……세상에서 그들 가운데 빛들로
나타내며 생명의 말씀을 밝혀 _ 빌 2:15-16

1. 생명을 담겠습니다
만드는 책에 주님 주신 생명을 담겠습니다.
그 책으로 복음을 선포하겠습니다.

2. 말씀을 밝히겠습니다
생명의 근본은 말씀입니다.
말씀을 밝혀 성도와 교회의 성장을 돕겠습니다.

3. 빛이 되겠습니다
시대와 영혼의 어두움을 밝혀 주님 앞으로 이끄는
빛이 되는 책을 만들겠습니다.

4. 순전히 행하겠습니다
책을 만들고 전하는 일과 경영하는 일에 부끄러움이 없는
정직함으로 행하겠습니다.

5. 끝까지 전파하겠습니다
모든 사람에게, 땅 끝까지, 주님 오시는 그날까지
복음을 전하는 사명을 다하겠습니다.

서점 안내

광화문점　서울시 종로구 새문안로 69 구세군회관 1층
　　　　　　02)737-2288 / 02)737-4623(F)

강남점　　서울시 서초구 신반포로 177 반포쇼핑타운 3동 2층
　　　　　　02)595-1211 / 02)595-3549(F)

구로점　　서울시 동작구 시흥대로 602, 3층 302호
　　　　　　02)858-8744 / 02)838-0653(F)

노원점　　서울시 노원구 동일로 1366 삼봉빌딩 지하 1층
　　　　　　02)938-7979 / 02)3391-6169(F)

일산점　　경기도 고양시 일산서구 중앙로 1391 레이크타운 지하 1층
　　　　　　031)916-8787 / 031)916-8788(F)

의정부점　경기도 의정부시 청사로47번길 12 성산타워 3층
　　　　　　031)845-0600 / 031)852-6930(F)

인터넷서점　www.lifebook.co.kr